Z TEMNOTY K NADVLÁDĚ: 40 dní k osvobození se ze skrytého sevření temnoty

Globální zamyšlení o uvědomění, vysvobození a moci

Pro jednotlivce, rodiny a národy připravené být svobodné

Podle

Zacharias Godseagle; Ambassador Monday O. Ogbe and Comfort Ladi Ogbe

Obsah

Stránka s autorskými právy 1
O knize – OD TMY K NADVLÁDĚ 3
Text na zadní straně obálky 5
Jednoodstavcový mediální promo (tisk/e-mail/anotace reklamy)....... 6
Věnování 8
Poděkování 9
Pro čtenáře 10
Jak používat tuto knihu 12
Předmluva 15
Předmluva 17
Zavedení 18
KAPITOLA 1: POČÁTKY TEMNÉ ŘÍŠE 21
KAPITOLA 2: JAK DNES FUNGUJE TEMNÁ ŘÍŠE 24
KAPITOLA 3: VSTUPNÍ BODY – JAK SE LIDÉ NENECHÁVAT ZÁVISLO 27
KAPITOLA 4: PROJEVY – OD POSEDLOSTI K POSEDLOSTI ... 29
KAPITOLA 5: MOC SLOVA – AUTORITA VĚŘÍCÍCH 31
DEN 1: KREVNÍ LINIE A BRÁNY — PŘESTÁPĚNÍ RODINNÝCH ŘETĚZCŮ 34
DEN 2: INVAZE SNŮ — KDYŽ SE NOC STÁNE BOJIŠTĚM 37
DEN 3: DUCHOVNÍ MANŽELÉ/MANŽELKY – NESVATÉ SVAZKY, KTERÉ SPOJUJÍ OSUDY 40
DEN 4: PROKLETÉ PŘEDMĚTY – DVEŘE, KTERÉ ZNEČIŠTĚJÍ 43
DEN 5: OKOUZLENÍ A PODVÁZENÍ — OSVOBOZENÍ OD DUCHA VĚŠTĚNÍ 46
DEN 6: BRÁNY OKA – ZAVŘENÍ BRÁN TEMPY 49
DEN 7: SÍLA ZA JMÉNY – ZŘÍKÁNÍ SE BEZSVATÝCH IDENTIT 52
DEN 8: ODMASKOVÁNÍ FALEŠNÉHO SVĚTLA — PASTĚ NEW AGE A ANDĚLSKÉ KLAMY 55
DEN 9: KRVENÍ OLTÁŘ — SMLOUVY, KTERÉ VYŽADUJÍ ŽIVOT 58

DEN 10: NEPLODNOST A ZLOMĚNOST — KDYŽ SE Z LÉKA STÁNE BOJIŠTĚ 61
11. DEN: AUTOIMUNITNÍ PORUCHY A CHRONICKÁ ÚNAVA – NEVIDITELNÁ VÁLKA VNITŘ 64
DEN 12: EPILEPSIE A DUŠEVNÍ TRÁPENÍ – KDYŽ SE MYSL STÁNE BOJIŠTĚM 67
DEN 13: DUCH STRACHU — PROLOMĚNÍ KLECE NEVIDITELNÉHO MUČENÍ 70
DEN 14: SATANSKÉ ZNAMENÍ – VYMAZÁNÍ BESVATÉHO ZNAMENÍ 73
DEN 15: ZRCADLOVÁ ŘÍŠE — ÚNIK Z VĚZENÍ ODRAZKŮ 76
DEN 16: PŘELOMOVÁNÍ POUT SLOVNÍCH KLETEB – ZÍSKÁNÍ ZNOVU SVÉHO JMÉNA, SVÉ BUDOUCNOSTI 79
DEN 17: OSVOBOZENÍ OD KONTROLY A MANIPULACE 82
DEN 18: ZLOMÁNÍ MOCI NEODPUŠTĚNÍ A HOŘKOSTI 85
DEN 19: UZDRAVOVÁNÍ Z HANBY A ODSUZENÍ 88
DEN 20: DOMÁCÍ ČARODĚJNICTVÍ — KDYŽ TMA BYDLÍ POD STEJNOU STŘECHOU 91
DEN 21: DUCH JEZABEL – SVÁDĚNÍ, OVLÁDÁNÍ A NÁBOŽENSKÁ MANIPULACE 94
DEN 22: PYTHONY A MODLITBY — ZLOMÁNÍ DUCHA OMEZENÍ 98
DEN 23: TRŮNY NEPRAVOSTI — BOUŘENÍ ÚZEMNÍCH PEVNOSTÍ 101
DEN 24: ÚTRBY DUŠE — KDYŽ CHYBÍ ČÁSTI VAŠEHO TELA 104
DEN 25: KLETBA PODIVNÝCH DĚTÍ – KDYŽ SE OSUDY VYMĚNÍ PŘI NAROZENÍ 107
DEN 26: SKRYTÉ OLTÁŘE MOCI — OSVOBOZENÍ OD ELITNÍCH OKULTNÍCH SMLOUV 110
DEN 27: BESVATÉ ALIANCE — ZEDNÁŘSTVÍ, ILUMINÁTI A DUCHOVNÍ INFILTRACE 113
DEN 28: KABALA, ENERGETICKÉ SÍTĚ A KOUZLO MYSTICKÉHO „SVĚTLA" 116

DEN 29: ZÁVOJ ILMINÁTŮ – ODMASKOVÁNÍ ELITNÍCH OKULTNÍCH SÍTÍ 119
DEN 30: TAJEMNÉ ŠKOLY — STAROVĚKÁ TAJEMSTVÍ, MODERNÍ SPOUTÁNÍ 122
DEN 31: KABALA, POSVÁTNÁ GEOMETRIE A ELITNÍ SVĚTELNÝ KLAM 126
DEN 3 2: HADIÍ DUCH UVNITŘ — KDYŽ VYSVOBOZENÍ PŘICHÁZÍ PŘÍLIŠ POZDĚ 130
DEN 33: HADIČÍ DUCH UVNITŘ — KDYŽ VYSVOBOZENÍ PŘICHÁZÍ PŘÍLIŠ POZDĚ 134
DEN 34: ZEDNÁŘI, KÓDY A KLETBY — Když se bratrství stane otroctvím 138
DEN 35: ČARODĚJNICE V LAVICÍCH — KDYŽ ZLO VSTUPUJE DVEŘMI KOSTELNÍHO SYSTÉMU 142
DEN 36: KÓDOVANÁ KOUZLA — KDYŽ SE PÍSNĚ, MÓDA A FILMY STÁVAJÍ PORTÁLY 145
DEN 37: NEVIDITELNÉ OLTÁŘE MOCI — SVOBODNÍ ZEDNÁŘI, KABALA A OKULTNÍ ELITY 149
DEN 38: SMLOUVY V LÉCE A VODNÍ ŘÍŠE – KDYŽ JE OSUD ZNEČIŠTĚN PŘED NAROZENÍM 153
DEN 39: KŘEST VODOU DO OTROCTVA — JAK NĚMUCÍ, INICIÁLY A NEVIDITELNÉ SMLOUVY OTEVÍRAJÍ DVEŘE 157
DEN 40: OD NAROZENÉHO K NAROZITELI – VAŠE BOLEST JE VAŠÍM POSVĚCENÍM 161
360° DENNÍ PROHLÁŠENÍ O VYSVOBOZENÍ A VLÁDÁNÍ – 1. část 164
360° DENNÍ PROHLÁŠENÍ O VYSVOBOZENÍ A VLÁDÁNÍ – 2. část 166
360° DENNÍ PROHLÁŠENÍ O VYSVOBOZENÍ A VLÁDÁNÍ - 3. část 170
ZÁVĚR: OD PŘEŽITÍ K SYNOVSTVÍ – ZŮSTAT SVOBODNÝ, ŽÍT SVOBODNĚ, OSVOBOZOVAT DRUHÉ 174
Jak se znovu narodit a začít nový život s Kristem 177
Můj okamžik spásy 179
Osvědčení o novém životě v Kristu 180

SPOJTE SE S BOŽÍMI SLUŽBAMI EAGLE 181
DOPORUČENÉ KNIHY A ZDROJE 183
DODATEK 1: Modlitba k odhalení skrytého čarodějnictví, okultních praktik nebo podivných oltářů v kostele 197
PŘÍLOHA 2: Protokol o zřeknutí se médií a očistě 198
PŘÍLOHA 3: Zednářství, kabala, kundaliní, čarodějnictví, okultní písmo odříkání 199
PŘÍLOHA 4: Průvodce aktivací pomazávacího oleje 200
PŘÍLOHA 6: Video zdroje se svědectvími pro duchovní růst 201
S tímhle si nemůžete hrát 202

Stránka s autorskými právy

OD TEMNOTY K NADVLÁDĚ: 40 dní k osvobození se ze skrytého sevření temnoty – Globální zamyšlení o uvědomění, vysvobození a moci

od Zachariase Godseaglea , Comfort Ladi Ogbe & velvyslanec pondělí O. Ogbe

Autorská práva © 2025 **Zacharias Godseagle a God's Eagle Ministries – GEM**

Všechna práva vyhrazena.

Žádná část této publikace nesmí být reprodukována, ukládána do vyhledávacího systému ani přenášena v jakékoli formě nebo jakýmikoli prostředky – elektronicky, mechanicky, kopírováním, nahráváním, skenováním nebo jinak – bez předchozího písemného souhlasu vydavatelů, s výjimkou krátkých citací obsažených v kritických článcích nebo recenzích.

Tato kniha je dílem literatury faktu a zároveň literární fikce. Některá jména a identifikační údaje byly v nezbytných případech změněny z důvodu zachování soukromí.

Citace z Písma jsou převzaty z:

- *Překlad New Living Translation (NLT)* , © 1996, 2004, 2015 Nadace Tyndale House. Použito s povolením. Všechna práva vyhrazena.

Design obálky od GEM TEAM
Vnitřní uspořádání od GEM TEAM
Vydavatelé:
Zacharias Godseagle a God's Eagle Ministries – GEM
www.otakada.org [1] | ambassador@otakada.org
První vydání, 2025

---

1. http://www.otakada.org

Vytištěno ve Spojených státech amerických

O knize – OD TMY K NADVLÁDĚ

OD TEMNOTY K NADVLÁDĚ: 40 dní k osvobození ze skrytého sevření temnoty - *Globální zamyšlení o uvědomění, vysvobození a moci - pro jednotlivce, rodiny a národy připravené ke svobodě* Není to jen zamyšlení – je to 40denní globální setkání osvobození pro **prezidenty, premiéry, pastory, církevní pracovníky, generální ředitele, rodiče, teenagery a každého věřícího,** který odmítá žít v tiché porážce.

Tato silná 40denní zamyšlení se zabývá *duchovním bojem, osvobozením od oltářů předků, přerušením duševních pout, odhalením okultismu a globálními svědectvími bývalých čarodějnic, bývalých satanistů* a těch, kteří přemohli mocnosti temnoty.

Ať už **vedete zemi**, jste **pastorem v církvi**, **podnikáte** nebo **bojujete za svou rodinu v modlitební komůrce**, tato kniha odhalí to, co bylo skryto, postaví se tomu, co bylo ignorováno, a dá vám sílu se osvobodit.

40denní globální zamyšlení o uvědomění, vysvobození a moci

Na těchto stránkách se setkáte s:

- Kletby pokrevních linií a rodové smlouvy
- Duchovní manželé, mořští duchové a astrální manipulace
- Zednářství, kabala, probuzení kundaliní a čarodějnické oltáře
- Zasvěcení dětí, prenatální iniciace a démoničtí nosiči
- Infiltrace médií, sexuální trauma a fragmentace duše
- Tajné společnosti, démonická umělá inteligence a falešná hnutí obrození

Každý den zahrnuje:
- *Skutečný příběh nebo globální vzorec*
- *Pohled založený na Písmu*
- *Aplikace ve skupinách a pro osobní účely*

- Modlitbu za vysvobození + deník reflexe
Tato kniha je pro vás, pokud jste:

- Prezident **nebo tvůrce politik,** který hledá duchovní jasnost a ochranu pro svůj národ
- Pastor **, přímluvce nebo církevní pracovník** bojující s neviditelnými silami, které brání růstu a čistotě
- Generální **ředitel nebo obchodní lídr** čelí nevysvětlitelnému válčení a sabotáži
- Dospívající **nebo student** sužovaný sny, trápením nebo podivnými událostmi
- Rodič **nebo pečovatel** si všímá duchovních vzorců ve vaší krevní linii
- Křesťanský **vůdce** unavený nekonečnými modlitebními cykly bez průlomu
- Nebo prostě **věřící připravený přejít od přežití k vítězné nadvládě**

Proč tato kniha?

Protože v době, kdy temnota nosí masku světla, **vysvobození již není volitelné** .

A **moc patří informovaným, vybaveným a odevzdaným** .

Napsali Zacharias Godseagle , velvyslanec Monday O. Ogbe a Comfort Ladi Ogbe , toto je víc než jen učení – je to **globální výzva k probuzení** pro církev, rodinu a národy, aby povstaly a bojovaly – ne ve strachu, ale v **moudrosti a autoritě** .

Nemůžeš učit to, co jsi sám nesplnil. A nemůžeš kráčet v nadvládě, dokud se neosvobodíš ze sevření temnoty.

Prolomte cykly. Postavte se skrytému. Vezměte si zpět svůj osud – den po dni.

Text na zadní straně obálky

OD TMY K NADVLÁDĚ
40 dní k osvobození se ze skrytého sevření temnoty
Globální zamyšlení uvědomění, vysvobození a moci

Jste **prezident**, **pastor**, **rodič** nebo **modlící se věřící** – zoufale toužící po trvalé svobodě a průlomu?

Toto není jen zamyšlení. Je to 40denní globální cesta neviditelnými bojišti **smluv předků, okultního otroctví, mořských duchů, fragmentace duší, infiltrace médií a dalších věcí**. Každý den odhaluje skutečná svědectví, globální projevy a praktické strategie osvobození.

Odhalíte:

- Jak se otevírají duchovní brány – a jak je zavírat
- Skryté kořeny opakovaného odkládání, mučení a otroctví
- Silné denní modlitby, reflexe a skupinové aplikace
- Jak na to, aby člověk dosáhl **nadvlády**, nejen vysvobození

Od **čarodějnických oltářů** v Africe po **podvody New Age** v Severní Americe... od **tajných společností** v Evropě po **krevní smlouvy** v Latinské Americe – **tato kniha odhaluje vše**.

DARKNESS TO DOMINION je vaše mapa cesty ke svobodě, určená pro **pastory, vedoucí, rodiny, teenagery, profesionály, generální ředitele** a kohokoli, kdo je unavený z jízdy na kole válkou bez vítězství.

„Nemůžeš učit to, co jsi sám neodovzdal. A nemůžeš kráčet v nadvládě, dokud se neosvobodíš ze sevření temnoty."

Jednoodstavcový mediální promo (tisk/e-mail/anotace reklamy)

OD TEMNOTY K NADVLÁDĚ: 40 dní k osvobození se ze skrytého sevření temnoty je globální pobožnost odhalující, jak nepřítel infiltruje životy, rodiny a národy prostřednictvím oltářů, pokrevních linií, tajných společností, okultních rituálů a každodenních kompromisů. Tato kniha s příběhy ze všech kontinentů a bitvami prověřenými strategiemi osvobození je určena pro prezidenty a pastory, generální ředitele a teenagery, ženy v domácnosti a duchovní bojovníky – pro každého, kdo zoufale touží po trvalé svobodě. Není jen ke čtení – je to pro zlomení řetězů.

Navrhované štítky

- vysvobození oddanost
- duchovní boj
- svědectví bývalých okultních osobností
- modlitba a půst
- prolomení generačních kleteb
- svoboda z temnoty
- Křesťanská duchovní autorita
- mořští duchové
- klam kundalini
- odhaleny tajné společnosti
- 40denní vyprodání

 # Hashtagy pro kampaně
#TemnotaKNadvládě
#VysvobozeníZamyšlení
#ZlomŘetězy

#SvobodaSkrzeKrista
#GlobálníProbuzení
#OdhalenéSkrytéBitvy
#ModleteSeZaVolbu
#KnihaODuchovnímVálčení
#ZTmyKeSvětlu
#KrálovskáAutorita
#UžŽádnéOtroctví
#ExOccultTestimonies
#VarováníKundalini
#OdhaleníMarineSpirits
#40DníSvobody

Věnování

Tomu, který nás povolal z temnoty do svého podivuhodného světla – **Ježíši Kristu**, našemu Vysvoboditeli, Nositeli světla a Králi slávy.

Každé duši volající v tichu – uvězněné neviditelnými řetězy, pronásledované sny, trýzněné hlasy a bojující s temnotou na místech, kde nikdo nevidí – je tato cesta pro vás.

Pastorům, **přímluvcům** a **strážným na zdi**,

matkám, které se modlí celou noc, a **otcům**, **kteří** se odmítají vzdát,

malému **chlapci**, který vidí příliš mnoho, a **malé holčičce**, která je příliš brzy poznamenána zlem,

generálním **ředitelům**, **prezidentům** a **osobám s rozhodovací pravomocí** nesoucím neviditelnou váhu za veřejnou mocí,

církevnímu **pracovníkovi** zápasícímu s tajným otroctvím a **duchovnímu bojovníkovi**, který se odváží bojovat –

toto je vaše výzva k povstání.

A děkujeme těm statečným, kteří se podělili o své příběhy. Vaše jizvy nyní osvobozují ostatní.

Kéž tato pobožnost osvětlí cestu stíny a dovede mnohé k nadvládě, uzdravení a svatému ohni.

Nejsi zapomenut. Nejsi bezmocný. Narodil ses pro svobodu.

— *Zacharias Godseagle, velvyslanec pondělí O. Ogbe & Comfort Ladi Ogbe*

Poděkování

V první řadě uznáváme **Všemohoucího Boha – Otce, Syna a Ducha svatého**, Autora Světla a Pravdy, který nám otevřel oči pro neviditelné bitvy za zavřenými dveřmi, závoji, kazatelnami a pódii. Ježíši Kristu, našemu Vysvoboditeli a Králi, vzdáváme veškerou slávu.

Statečným mužům a ženám z celého světa, kteří se podělili o své příběhy o trápení, vítězstvích a transformaci – vaše odvaha zažehla globální vlnu svobody. Děkujeme vám, že jste prolomili ticho.

Služebníkům a strážcům na zdi, kteří pracovali na skrytých místech – učili, přimlouvali se, vysvobozovali a rozlišovali – vážíme si vaší vytrvalosti. Vaše poslušnost nadále boří pevnosti a odhaluje klam na vysokých místech.

Našim rodinám, modlitebním partnerům a podpůrným týmům, kteří stáli s námi, když jsme se prohrabávali duchovními troskami, abychom odhalili pravdu – děkujeme za vaši neochvějnou víru a trpělivost.

Výzkumníkům, svědectvím na YouTube, oznamovatelům a bojovníkům království, kteří odhalují temnotu prostřednictvím svých platforem – vaše odvaha naplnila tuto práci vhledem, odhalením a naléhavostí.

Tělu **Kristovu**: tato kniha je i vaše. Kéž ve vás probudí svaté odhodlání být bdělí, rozlišující a nebojácní. Nepíšeme jako experti, ale jako svědci. Nestojíme jako soudci, ale jako ti, kteří byli vykoupeni.

A konečně, čtenářům **tohoto zamyšlení** – hledačům, bojovníkům, pastorům, služebníkům vysvobození, přeživším a milovníkům pravdy ze všech národů – kéž vás každá stránka posilní k tomu, abyste se posunuli **od... temnota k nadvládě**.

— **Zacharias Godseagle**

— **velvyslanec pondělí O. Ogbe**

— **Comfort Ladi Ogbe**

Pro čtenáře

Tohle není jen kniha. Je to výzva.

Výzva k odhalení toho, co bylo dlouho skryto – k čelení neviditelným silám, které formují generace, systémy a duše. Ať už jste **mladý hledač**, **pastor vyčerpaný bitvami, které nedokážete pojmenovat**, **obchodní lídr bojující s nočními děsy**, nebo **hlava státu čelící neutuchající národní temnotě**, tato zamyšlení je vaším **průvodcem ze stínů**.

Pro **jednotlivce** : Nejste blázen. To, co cítíte – ve svých snech, ve své atmosféře, ve své pokrevní linii – může být skutečně duchovní. Bůh není jen léčitel; je osvoboditelem.

Pro **rodinu** : Tato 40denní cesta vám pomůže identifikovat vzorce, které dlouho trápí vaši pokrevní linii – závislosti, předčasná úmrtí, rozvody, neplodnost, duševní trápení, náhlá chudoba – a poskytne vám nástroje k jejich prolomení.

Vedoucím **církví a pastorům** : Kéž by toto probudilo hlubší rozlišování a odvahu konfrontovat duchovní říši z kazatelny, nejen z pódia. Vysvobození není volitelné. Je součástí Velkého poslání.

Pro **generální ředitele, podnikatele a profesionály** : Duchovní smlouvy fungují i v zasedacích místnostech. Zasvěťte své podnikání Bohu. Zbořte oltáře předků maskované jako obchodní štěstí, krevní smlouvy nebo přízeň zednářů. Stavějte čistýma rukama.

Strážcům **a přímluvcům** : Vaše bdělost nebyla marná. Tento zdroj je zbraní ve vašich rukou – pro vaše město, váš region, váš národ.

Prezidentům **a premiérům**, pokud se vám toto někdy dostane na stůl: Národy se neřídí jen politikou. Řídí se oltáři – vztyčenými tajně či veřejně. Dokud nebudou vyřešeny skryté základy, mír zůstane nedosažitelný. Kéž vás tato modlitba podnítí k generační reformě.

Mladému **muži nebo ženě,** kteří toto čtete v okamžiku zoufalství: Bůh vás vidí. Vybral si vás. A vytahuje vás ven – navždy.

Toto je vaše cesta. Jeden den po druhém. Jeden řetěz po druhém.

Z temnoty k nadvládě – je to váš čas.

Jak používat tuto knihu

Z TEMNOTY K NADVLÁDĚ: 40 dní k osvobození se ze skrytého sevření temnoty je více než jen zamyšlení – je to manuál k osvobození, duchovní detox a výcvikový tábor pro boj. Ať už čtete sami, ve skupině, v kostele nebo jako vedoucí, který vede ostatní, zde je návod, jak z této silné 40denní cesty vytěžit maximum:

Denní rytmus

Každý den má pevnou strukturu, která vám pomůže zapojit ducha, duši i tělo:

- **Hlavní zbožné učení** – Zjevné téma odhalující skrytou temnotu.
- **Globální kontext** – Jak se tato pevnost projevuje po celém světě.
- **Příběhy ze skutečného života** – Skutečná setkání s vysvobozením z různých kultur.
- **Akční plán** – Osobní duchovní cvičení, odříkání nebo prohlášení.
- **Skupinové použití** – Pro použití v malých skupinách, rodinách, církvích nebo týmech pro osvobození.
- **Klíčový postřeh** – Souhrnné ponaučení, které si můžete zapamatovat a za které se budete modlit.
- **Deník reflexe** – Otázky k zamyšlení, abyste každou pravdu hluboce zpracovali.
- **Modlitba za vysvobození** – Cílená modlitba duchovního boje za zlomení pevností.

Co budete potřebovat

- Vaše **Bible**
- deník **nebo zápisník**

- **Olej na pomazání** (volitelný, ale účinný během modliteb)
- Ochota **postit se a modlit se** podle Ducha
- **Partner pro odpovědnost nebo modlitební tým** pro hlubší případy

Jak používat se skupinami nebo církvemi

- Scházejte se **denně nebo týdně,** abyste probrali postřehy a společně vedli modlitby.
- Povzbuďte členy, aby si před skupinovými setkáními vyplnili **Reflexní deník**.
- Využijte sekci **Skupinová aplikace** k zahájení diskuse, zpovědi nebo společných okamžiků osvobození.
- Určete vyškolené vedoucí, kteří budou zvládat intenzivnější projevy.

Pro pastory, vedoucí a duchovní vysvobození

- Učte denní témata z kazatelny nebo ve školách pro vysvobození.
- Vybavte svůj tým, aby mohl toto zamyšlení používat jako průvodce poradenstvím.
- Upravte si sekce podle potřeby pro duchovní mapování, setkání s obrozenci nebo modlitební akce ve městě.

Dodatky k prozkoumání

Na konci knihy najdete cenné bonusové zdroje, včetně:

1. **Denní prohlášení o úplném vysvobození** – Říkejte to nahlas každé ráno a večer.
2. **Průvodce zřeknutím se médií** – Očistěte svůj život od duchovní kontaminace v zábavním průmyslu.
3. **Modlitba za rozpoznání skrytých oltářů v kostelech** – Za přímluvce a církevní pracovníky.
4. **Scénář zednářství, kabaly, kundaliní a okultního zřeknutí se** – mocné modlitby pokání.
5. **Kontrolní seznam pro hromadné vysvobození** – Používejte při křížových výpravách, domácích společenstvích nebo osobních

duchovních cvičeních.
6. **Odkazy na videa se svědectvími**

Předmluva

Probíhá válka – neviditelná, nevyslovená, ale zuřivě skutečná – zuří nad dušemi mužů, žen, dětí, rodin, komunit a národů.
Tato kniha se nezrodila z teorie, ale z ohně. Z plačících místností vysvobození. Ze svědectví šeptaných ve stínech a křičených ze střech. Z hlubokého studia, globálních přímluv a svaté frustrace z povrchního křesťanství, které se nedokáže vypořádat s **kořeny temnoty, které** stále zamotává věřící.

Příliš mnoho lidí přišlo na kříž, ale stále táhne řetězy. Příliš mnoho pastorů káže o svobodě, zatímco je tajně trýzněno démony chtíče, strachu nebo smluv předků. Příliš mnoho rodin je uvězněno v cyklech – chudoby, zvrácenosti, závislosti, neplodnosti, studu – a **neví proč**. A příliš mnoho církví se vyhýbá rozhovorům o démonech, čarodějnictví, krvavých oltářích nebo vysvobození, protože je to „příliš intenzivní".

Ale Ježíš se temnotě nevyhýbal – on **jí čelil**.
Neignoroval démony – **vyháněl je**.
A nezemřel jen proto, aby vám odpustil – zemřel, aby **vás osvobodil**.

Toto 40denní globální zamyšlení není jen tak ledabylým studiem Bible. Je to **duchovní operační sál**. Deník svobody. Mapa z pekla pro ty, kteří se cítí uvízlí mezi spásou a skutečnou svobodou. Ať už jste teenager spoutaný pornografií, první dáma sužovaná sny o hadech, premiér trýzněný vinou předků, prorok skrývající tajné pouto nebo dítě probouzející se z démonických snů – tato cesta je pro vás.

Najdete zde příběhy z celého světa – Afriky, Asie, Evropy, Severní i Jižní Ameriky – které všechny potvrzují jednu pravdu: **ďábel nebere ohled na osoby**. Ale Bůh také ne. A co udělal pro druhé, může udělat i pro vás.

Tato kniha je napsána pro:

- **Jednotlivci** hledající osobní vysvobození
- **Rodiny** potřebující generační uzdravení
- **Pastoři** a církevní pracovníci potřebující vybavení
- **Vedoucí pracovníci** procházející duchovním bojem na vysokých místech
- **Národy** volají po opravdovém probuzení
- **Mladí lidé**, kteří nevědomky otevřeli dveře
- **Služebníci osvobození**, kteří potřebují strukturu a strategii
- A dokonce i **ti, kteří nevěří v démony** – dokud si na těchto stránkách nepřečtou svůj vlastní příběh

Budete napjatí. Budete čelit výzvám. Ale pokud zůstanete na cestě, budete také **proměněni**.

Nejenže se osvobodíš.

Budeš **chodit v nadvládě**.

Začněme.

— *Zacharias Godseagle, velvyslanec Monday O. Ogbe a Comfort Ladi Ogbe*

Předmluva

V národech panuje neklid. Otřes v duchovní říši. Od kazatelen po parlamenty, od obývacích pokojů po podzemní kostely, lidé všude se probouzejí k mrazivé pravdě: podcenili jsme dosah nepřítele – a špatně jsme pochopili autoritu, kterou neseme v Kristu.

Z temnoty k nadvládě není jen pobožnost; je to jasný signál. Prorocká příručka. Záchranné lano pro trýzněné, spoutané a upřímné věřící, kteří se ptají: „Proč jsem stále v řetězech?"

Jako někdo, kdo byl svědkem probuzení a vysvobození napříč národy, vím z první ruky, že církvi nechybí znalosti – chybí nám duchovní **uvědomění**, **odvaha** a **disciplína**. Tato práce tuto propast překlenuje. Propojuje globální svědectví, tvrdou pravdu, praktické činy a moc kříže do 40denní cesty, která otřese prach spícími životy a zažehne oheň v unavených.

Pro pastora, který se odváží postavit se oltáři, pro mladého dospělého, který tiše bojuje s démonickými sny, pro majitele firmy zapleteného do neviditelných smluv a pro vůdce, který ví, že je něco *duchovně špatně*, ale nedokáže to pojmenovat – tato kniha je pro vás.

Naléhavě vás žádám, abyste to nečetli pasivně. Nechť každá stránka probudí vašeho ducha. Nechť každý příběh zrodí válku. Nechť každé prohlášení vycvičí vaše ústa k mluvení s ohněm. Až projdete těmito 40 dny, neslavte jen svou svobodu – staňte se nádobou pro svobodu druhých.

Protože pravá nadvláda nespočívá jen v útěku z temnoty...
Je to otočení se a vtažení ostatních do světla.

V Kristově autoritě a moci,
Velvyslanec Ogbe

Zavedení

Z TMY K NADVLÁDĚ: 40 dní k osvobození se ze skrytého sevření temnoty není jen další zamyšlení – je to globální budíček.

Po celém světě – od venkovských vesnic po prezidentské paláce, od kostelních oltářů po zasedací místnosti – muži a ženy volají po svobodě. Nejen po spáse. Po **vysvobození**. **Po jasnosti**. **Po průlomu**. **Po celistvosti**. **Po míru**. **Po moci**.

Ale pravda je taková: Nemůžete zahnat to, co tolerujete. Nemůžete se osvobodit od toho, co nevidíte. Tato kniha je vaším světlem v této temnotě.

Po dobu 40 dnů budete procházet učeními, příběhy, svědectvími a strategickými činy, které odhalují skryté operace temnoty a posilují vás k překonání – ducha, duše i těla.

Ať už jste pastor, generální ředitel, misionář, přímluvce, teenager, matka nebo hlava státu, obsah této knihy vás postaví před sebe. Ne proto, aby vás zahanbil – ale aby vás osvobodil a připravil vás na to, abyste vedli ostatní ke svobodě.

Toto je **globální pobožnost zaměřená na uvědomění, vysvobození a moc** – zakořeněná v Písmu, zdokonalená příběhy ze skutečného života a promočená Ježíšovou krví.

Jak používat toto zamyšlení

1. **Začněte s 5 základními kapitolami**
   . Tyto kapitoly pokládají základy. Nevynechávejte je. Pomohou vám pochopit duchovní architekturu temnoty a autoritu, která vám byla dána, abyste se nad ní povznesli.
2. **Projděte si každý den záměrně**
   Každý denní záznam obsahuje ústřední téma, globální projevy, skutečný příběh, verše z Písma, akční plán, nápady na skupinovou aplikaci, klíčové postřehy, náměty do deníku a silnou modlitbu.

3. **Ukončete každý den s Denním 360° prohlášením**
   Toto mocné prohlášení, které se nachází na konci této knihy, je navrženo tak, aby posílilo vaši svobodu a ochránilo vaše duchovní brány.
4. **Používejte to sami nebo ve skupinách**
   Ať už tím procházíte individuálně nebo ve skupině, domácím společenství, přímluvném týmu nebo v rámci vysvobozovací služby – dovolte Duchu svatému, aby vedl tempo a přizpůsobil bojový plán.
5. **Očekávejte odpor – a průlomový**
   odpor přijde. Ale stejně tak i svoboda. Vysvobození je proces a Ježíš je odhodlán kráčet v něm s vámi.

ZÁKLADNÍ KAPITOLY (Přečtěte si před 1. dnem)

1. Počátky Temného království

Od Luciferovy vzpoury až po vznik démonických hierarchií a teritoriálních duchů tato kapitola sleduje biblickou a duchovní historii temnoty. Pochopení jejího počátku vám pomůže rozpoznat, jak funguje.

2. Jak Temné království funguje dnes

Od smluv a krvavých obětí až po oltáře, mořské duchy a technologickou infiltraci – tato kapitola odhaluje moderní tváře starověkých duchů – včetně toho, jak média, trendy a dokonce i náboženství mohou sloužit jako kamufláž.

3. Vstupní body: Jak se lidé nechají chytit

Nikdo se nenarodí do otroctví náhodou. Tato kapitola zkoumá brány, jako jsou traumata, oltáře předků, odhalení čarodějnictví, pouta duší, okultní zvědavost, zednářství, falešná spiritualita a kulturní praktiky.

4. Projevy: Od posedlosti k posedlosti

Jak vypadá otroctví? Od nočních můr přes odkládání manželství, neplodnost, závislost, vztek až po „svatý smích" – tato kapitola odhaluje, jak se démoni maskují jako problémy, dary nebo osobnosti.

5. Moc slova: Autorita věřících

Než začneme čtyřicetidenní válku, musíte pochopit svá zákonná práva v Kristu. Tato kapitola vás vyzbrojí duchovními zákony, válečnými zbraněmi, biblickými protokoly a jazykem vysvobození.

ZÁVĚREČNÉ POVZBUZENÍ PŘED ZAČÁTKEM

Bůh tě nepovolává k tomu, abys *zvládal* temnotu.

Povolává tě, abys ji **ovládl**.

Ne silou, ne mocí, ale Jeho Duchem.

Ať těchto dalších 40 dní bude víc než jen pouhou modlitbou.

Ať je to pohřeb za každý oltář, který vás kdysi ovládal... a korunovace do osudu, který vám Bůh předurčil.

Vaše cesta za nadvládou začíná právě teď.

KAPITOLA 1: POČÁTKY TEMNÉ ŘÍŠE

„N*eboť náš zápas není proti krvi a tělu, ale proti knížatstvům, proti mocnostem, proti vládcům temnoty tohoto světa, proti duchovním silám zla v nebeských sférách.*" — Efezským 6:12

Dlouho předtím, než lidstvo vstoupilo na jeviště času, vypukla na nebesích neviditelná válka. Nebyla to válka mečů ani zbraní, ale vzpoura – velezrada proti svatosti a autoritě Nejvyššího Boha. Bible odhaluje toto tajemství prostřednictvím různých pasáží, které naznačují pád jednoho z nejkrásnějších Božích andělů – **Lucifera**, zářícího – který se odvážil povýšit nad Boží trůn (Izajáš 14:12–15, Ezechiel 28:12–17).

Tato kosmická vzpoura zrodila **Temné království** – říši duchovního odporu a klamu, složenou z padlých andělů (nyní démonů), knížectví a mocností spojených proti Boží vůli a Božímu lidu.

Pád a vznik temnoty

LUCIFER NEBYL VŽDY zlý. Byl stvořen dokonalý v moudrosti a kráse. Ale pýcha vstoupila do jeho srdce a pýcha se změnila ve vzpouru. Oklamal třetinu nebeských andělů, aby ho následovali (Zjevení 12:4), a ti byli svrženi z nebe. Jejich nenávist k lidstvu je zakořeněna v žárlivosti – protože lidstvo bylo stvořeno k Božímu obrazu a dostalo vládu.

Tak začala válka mezi **Královstvím světla** a **Královstvím temnoty** – neviditelný konflikt, který se dotýká každé duše, každého domova a každého národa.

Globální projev Temného království

AČKOLI JE VLIV TOHOTO temného království neviditelný, je hluboce zakořeněn v:

- **Kulturní tradice** (uctívání předků, krvavé oběti, tajné společnosti)
- **Zábava** (podprahové zprávy, okultní hudba a pořady)
- **Vláda** (korupce, krevní smlouvy, přísahy)
- **Technologie** (nástroje pro závislost, kontrolu, manipulaci s myslí)
- **Vzdělání** (humanismus, relativismus, falešné osvícenství)

Od afrického džúdžu po západní mysticismus nového věku, od uctívání džinů na Blízkém východě po jihoamerický šamanismus, formy se liší, ale **duch je stejný** – podvod, nadvláda a ničení.

Proč je tato kniha právě teď důležitá

SATANŮV NEJVĚTŠÍ TRIK spočívá v tom, aby lidé věřili, že neexistuje – nebo ještě hůř, že jeho cesty jsou neškodné.

Tato duchovní kniha je **manuálem duchovní inteligence** – odhaluje jeho plány a posiluje věřící napříč kontinenty, aby:

- **Rozpoznání** vstupních bodů
- **Zřekněte se** skrytých smluv
- **Odpor** s autoritou
- **Získejte zpět** to, co bylo ukradeno

Narodil ses do bitvy

TOTO NENÍ ZAMYŠLENÍ pro slabé povahy. Narodili jste se na bojišti, ne na hřišti. Ale dobrá zpráva je: **Ježíš už válku vyhrál!**

„Odzbrojil vládce a mocnosti a zahanbil je, když nad nimi v něm zvítězil." — Koloským 2:15

Nejsi oběť. Jsi víc než jen dobyvatel skrze Krista. Odhalme temnotu – a směle kráčejme do světla.

Klíčový poznatek

Původem temnoty je pýcha, vzpoura a odmítnutí Boží vlády. Tato semena stále působí v srdcích lidí a systémů i dnes. Abychom pochopili duchovní boj, musíme nejprve pochopit, jak vzpoura začala.

Reflexní deník

- Zavrhl jsem duchovní boj jako pověru?
- Jaké kulturní nebo rodinné praktiky jsem normalizoval/a a které by mohly souviset s dávnou vzpourou?
- Opravdu chápu válku, do které jsem se narodil?

Modlitba osvícení

Nebeský Otče, zjev mi skryté kořeny vzpoury kolem mě i uvnitř mě. Odhal lži temnoty, které jsem možná nevědomky přijal. Nechť Tvá pravda zazáří na každém temném místě. Volím si Království světla. Volím si kráčet v pravdě, moci a svobodě. Ve jménu Ježíše. Amen.

KAPITOLA 2: JAK DNES FUNGUJE TEMNÁ ŘÍŠE

„*Aby nás satan neoklamal; jeho úmysly nám vždycky blízké.*" — 2. Korintským 2:11

Království temnoty nefunguje nahodile. Je to dobře organizovaná, hluboce propojená duchovní infrastruktura, která odráží vojenskou strategii. Jejím cílem je infiltrovat, manipulovat, ovládat a nakonec zničit. Stejně jako má Boží království své hodnosti a řád (apoštolové, proroci atd.), tak má i království temnoty – s knížatstvy, mocnostmi, vládci temnoty a duchovní zlobou na vysokých místech (Efezským 6:12).

Temné království není mýtus. Není to folklór ani náboženská pověra. Je to neviditelná, ale skutečná síť duchovních agentů, kteří manipulují se systémy, lidmi a dokonce i církvemi, aby naplnili Satanovu agendu. Zatímco si mnozí představují vidle a rudé rohy, skutečné fungování tohoto království je mnohem rafinovanější, systematičtější a zlověstnější.

1. Podvod je jejich měnou

Nepřítel obchoduje s lžemi. Od Rajské zahrady (Genesis 3) až po současné filozofie se Satanova taktika vždy točila kolem zasévání pochybností v Božím slově. Dnes se podvod projevuje v podobě:

- *Učení New Age maskované jako osvícení*
- *Okultní praktiky maskované jako kulturní hrdost*
- *Čarodějnictví zdobí hudba, filmy, kreslené filmy a trendy na sociálních sítích*

Lidé se nevědomky účastní rituálů nebo konzumují média, která otevírají duchovní dveře bez rozlišování.

2. Hierarchická struktura zla

Stejně jako Boží království má řád, temné království funguje pod definovanou hierarchií:

- **Knížectví** – územní duchové ovlivňující národy a vlády
- **Moci** – Agenti, kteří vynucují zlo prostřednictvím démonických systémů
- **Vládci temnoty** – Koordinátoři duchovní slepoty, modlářství a falešného náboženství
- **Duchovní zlo na vysokých místech** – entity na úrovni elit ovlivňující globální kulturu, bohatství a technologie

Každý démon se specializuje na určité úkoly – strach, závislost, sexuální zvrácenost, zmatek, pýchu, rozdělení.

3. Nástroje kulturní kontroly

Ďábel se už nemusí fyzicky objevovat. Kultura nyní dělá těžkou práci. Jeho strategie dnes zahrnují:

- **Podprahové sdělování:** Hudba, pořady, reklamy plné skrytých symbolů a obrácených sdělení
- **Desenzibilizace:** Opakované vystavení hříchu (násilí, nahota, vulgarismy), dokud se nestane „normálním"
- **Techniky ovládání mysli:** Prostřednictvím mediální hypnózy, emoční manipulace a návykových algoritmů

To není náhoda. Jsou to strategie určené k oslabení morálního přesvědčení, zničení rodin a předefinování pravdy.

4. Generační dohody a pokrevní linie

Prostřednictvím snů, rituálů, zasvěcení nebo rodových smluv je mnoho lidí nevědomky spojeno s temnotou. Satan toho využívá:

- Rodinné oltáře a modly předků
- Pojmenovací obřady vzývající duchy
- Tajné rodinné hříchy nebo kletby předávané z generace na generaci

Tyto věci otevírají právní základ pro soužení, dokud smlouva není zlomena Ježíšovou krví.

5. Falešné zázraky, falešní proroci

Temné království miluje náboženství – zvláště pokud mu chybí pravda a moc. Falešní proroci, svůdní duchové a falešné zázraky klamou masy:

„Neboť sám satan se převléká za anděla světla." — 2. Korintským 11:14

Mnozí dnes následují hlasy, které jim lechtají uši, ale svazují jim duši.

Klíčový poznatek

Ďábel není vždy hlasitý – někdy šeptá skrze kompromisy. Nejlepší taktikou Temného království je přesvědčit lidi, že jsou svobodní, zatímco jsou nenápadně zotročeni.

Reflexní deník:

- Kde jste se s těmito operacemi setkali ve vaší obci nebo zemi?
- Jsou nějaké pořady, hudba, aplikace nebo rituály, které jste normalizovali a které by ve skutečnosti mohly být nástroji manipulace?

Modlitba za uvědomění a pokání:

Pane Ježíši, otevři mi oči, abych viděl operace nepřítele. Odhal každou lež, které jsem uvěřil. Odpusť mi za každé dveře, které jsem otevřel, vědomě či nevědomě. Porušuji smlouvu s temnotou a volím Tvou pravdu, Tvou moc a Tvou svobodu. Ve jménu Ježíše. Amen.

KAPITOLA 3: VSTUPNÍ BODY – JAK SE LIDÉ NENECHÁVAT ZÁVISLO

„*Nedávejte ďáblu oporu.*" — Efezským 4:27

V každé kultuře, generaci a domově existují skryté otvory – brány, kterými vstupuje duchovní temnota. Tyto vstupní body se mohou zpočátku zdát neškodné: dětská hra, rodinný rituál, kniha, film, nevyřešené trauma. Jakmile se však otevřou, stanou se legálním základem pro démonický vliv.

Běžné vstupní body

1. **Smlouvy krevní linie** – Přísahy předků, rituály a modlářství, které předávají přístup k zlým duchům.
2. **Rané seznámení s okultismem** – Stejně jako v příběhu *Lourdes Valdiviové* z Bolívie se děti vystavené čarodějnictví, spiritualismem nebo okultním rituálům často stávají duchovně narušenými.
3. **Média a hudba** – Písně a filmy, které oslavují temnotu, smyslnost nebo vzpouru, mohou nenápadně vyvolávat duchovní vliv.
4. **Trauma a zneužívání** – Sexuální zneužívání, násilné trauma nebo odmítnutí mohou otevřít duši utlačujícím duchům.
5. **Sexuální hřích a duševní pouta** – Nedovolené sexuální spojení často vytvářejí duchovní pouta a přenos duchů.
6. **New Age a falešné náboženství** – Krystaly, jóga, duchovní průvodci, horoskopy a „bílé čarodějnictví" jsou zastřené pozvánky.
7. **Hořkost a neodpuštění** – Tyto vlastnosti dávají démonickým duchům zákonné právo k mučení (viz Matouš 18:34).

Hlavní body svědectví z celého světa: *Lourdes Valdivia (Bolívie)*

V pouhých sedmi letech se Lourdes seznámila s čarodějnictvím díky své matce, dlouholeté okultistky. Její dům byl plný symbolů, kostí z hřbitovů a magických knih. Než konečně našla Ježíše a byla osvobozena, zažila astrální projekci, hlasy a muka. Její příběh je jedním z mnoha – dokazuje, jak rané vystavení čarodějnictví a generační vliv otevírají dveře duchovnímu otroctví.

Referenční informace k Greater Exploits:
Příběhy o tom, jak lidé nevědomky otevírali dveře „neškodnými" činnostmi – jen aby byli polapeni v temnotě – lze nalézt v knize *Greater Exploits 14* a v knize Disable from the Power of *Darkness (Vysvobozeni z moci temnoty*). (Viz dodatek)

Klíčový poznatek
Nepřítel zřídka vtrhne dovnitř. Čeká, až se mu otevřou dveře. Co se zdá nevinné, zděděné nebo zábavné, může být někdy právě tou branou, kterou nepřítel potřebuje.

Reflexní deník

- Které okamžiky v mém životě mohly posloužit jako vstupní body do duchovního života?
- Existují nějaké „neškodné" tradice nebo věci, kterých se musím zbavit?
- Musím se vzdát něčeho ze své minulosti nebo rodinné linie?

Modlitba odříkání
Otče, zavírám všechny dveře, které jsem já nebo moji předkové mohli otevřeli temnotě. Zříkám se všech dohod, duševních pout a vystavení se čemukoli nesvatému. Zlomím každý řetěz skrze Ježíšovu krev. Prohlašuji, že mé tělo, duše a duch patří pouze Kristu. Ve jménu Ježíše. Amen.

KAPITOLA 4: PROJEVY – OD POSEDLOSTI K POSEDLOSTI

„*Když z člověka vyjde nečistý duch, bloudí po pustých místech a hledá odpočinek, ale nenachází ho. Tehdy si říká: ,Vrátím se do domu, odkud jsem odešel.'*" — Matouš 12:43

Jakmile se člověk dostane pod vliv temného království, projevy se liší v závislosti na úrovni uděleného démonického přístupu. Duchovní nepřítel se nespokojí s návštěvami – jeho konečným cílem je bydlení a nadvláda.

Úrovně projevu

1. **Vliv** – Nepřítel získává vliv prostřednictvím myšlenek, emocí a rozhodnutí.
2. **Útlak** – Je zde vnější tlak, tíha, zmatek a muka.
3. **Posedlost** – člověk se fixuje na temné myšlenky nebo kompulzivní chování.
4. **Posedlost** – Ve vzácných, ale skutečných případech se démoni usadí a potlačí vůli, hlas nebo tělo člověka.

Stupeň manifestace je často spojen s hloubkou duchovního kompromisu.

Globální případové studie manifestace

- **Afrika:** Případy duchovního manžela/manželky, šílenství, rituální otroctví.
- **Evropa:** Hypnóza nového věku, astrální projekce a fragmentace mysli.
- **Asie:** Pouta duší předků, pasti reinkarnace a sliby pokrevní linie.
- **Jižní Amerika:** Šamanismus, duchovní průvodci, závislost na psychickém čtení.

- **Severní Amerika:** Čarodějnictví v médiích, „neškodné" horoskopy, brány k látkám.
- **Blízký východ:** Setkání s džiny, krevní přísahy a prorocké padělky.

Každý kontinent představuje svůj jedinečný převlek téhož démonického systému – a věřící se musí naučit rozpoznávat tato znamení.

Běžné příznaky démonické aktivity

- Opakující se noční můry nebo spánková paralýza
- Hlasy nebo duševní trápení
- Nutkavý hřích a opakované odpadnutí od pravdy
- Nevysvětlitelné nemoci, strach nebo vztek
- Nadpřirozená síla nebo znalosti
- Náhlá averze k duchovním věcem

Klíčový poznatek

To, čemu říkáme „duševní", „emocionální" nebo „zdravotní" problémy, může být někdy duchovní. Ne vždy – ale dostatečně často, aby rozlišování bylo klíčové.

Reflexní deník

- Všiml/a jsem si opakujících se problémů, které se zdají být duchovní povahy?
- Existují v mé rodině generační vzorce destrukce?
- Jaký druh médií, hudby nebo vztahů si do svého života vpouštím?

Modlitba odříkání

Pane Ježíši, zříkám se každé skryté dohody, otevřených dveří a bezbožné smlouvy ve svém životě. Přerušuji pouta s čímkoli, co není od Tebe – vědomě či nevědomě. Zvu oheň Ducha svatého, aby pohltil každou stopu temnoty v mém životě. Osvoboď mě úplně. Ve Tvém mocném jménu. Amen.

KAPITOLA 5: MOC SLOVA – AUTORITA VĚŘÍCÍCH

„**H***le, dávám vám moc šlapat po hadech a štírech a po veškeré nepřátelské síle; a nic vám neublíží.*" — Lukáš 10:19 (KJV)

Mnoho věřících žije ve strachu z temnoty, protože nechápou světlo, které nesou. Písmo však odhaluje, že **Boží slovo není jen meč (Efezským 6:17)** – je to oheň (Jeremiáš 23:29), kladivo, semeno a samotný život. V boji mezi světlem a temnotou ti, kdo znají a hlásají Slovo, nikdy nepadnou na kolena.

Co je to za sílu?

Moc, kterou věřící nesou, je **delegovaná autorita**. Jako policista s odznakem nestojíme na vlastních silách, ale ve **jménu Ježíše** a skrze Boží slovo. Když Ježíš porazil Satana na poušti, nekřičel, neplakal ani nepanikařil – jednoduše řekl: *„Je psáno."*

Toto je vzor pro veškerý duchovní boj.

Proč mnoho křesťanů zůstává poraženo

1. **Nevědomost** – Nevědí, co Slovo říká o jejich identitě.
2. **Mlčení** – Nehlásají Boží slovo nad situacemi.
3. **Nekonzistentnost** – Žijí v cyklech hříchu, což narušuje sebevědomí a přístup k životu.

Vítězství nespočívá v hlasitějším křiku; jde o **hlubší víru** a **odvážné prohlašování**.

Autorita v akci – Globální příběhy

- **Nigérie:** Malý chlapec uvězněný v kultuře byl vysvobozen, když mu jeho matka důsledně pomazávala pokoj a každý večer odříkávala Žalm 91.

- **Spojené státy:** Bývalá wikkanka se vzdala čarodějnictví poté, co kolegyně měsíce denně nad jejím pracovním stolem tiše hlásala písma.
- **Indie:** Věřící prohlásil Izajáše 54:17, zatímco čelil neustálým útokům černé magie – útoky ustaly a útočník se přiznal.
- **Brazílie:** Žena používala denní prohlášení z Římanům 8 přes své sebevražedné myšlenky a začala chodit v nadpřirozeném pokoji.

Slovo je živé. Nepotřebuje naši dokonalost, jen naši víru a vyznání.
Jak ovládat slovo ve válce

1. **Naučte se nazpaměť verše z Písma** týkající se identity, vítězství a ochrany.
2. **Mluvte Slovo nahlas**, zejména během duchovních útoků.
3. **Používejte ho v modlitbě** a prohlašujte Boží zaslíbení za dané situace.
4. **Postěte se + Modlete** se se Slovem jako kotvou (Matouš 17:21).

Základní písma pro válčení

- *2. Korintským 10:3–5* – Boření pevností
- *Izajáš 54:17* – Žádná zbraň, kterou ušijeme, nebude mít úspěch.
- *Lukáš 10:19* – Moc nad nepřítelem
- *Žalm 91* – Boží ochrana
- *Zjevení 12:11* – Přemoženi krví a svědectvím

Klíčový poznatek
Boží slovo ve vašich ústech je stejně mocné jako slovo v Božích ústech – když je proneseno s vírou.
Reflexní deník

- Znám svá duchovní práva jako věřící?
- Na kterých verších dnes aktivně stojím?
- Dovolil jsem strachu nebo nevědomosti umlčet mou autoritu?

Modlitba za posílení

Otče, otevři mi oči a dej najevo autoritu, kterou mám v Kristu. Nauč mě zacházet s Tvým Slovem s odvahou a vírou. Tam, kde jsem dovolil vládnout strachu nebo nevědomosti, ať přijde zjevení. Dnes stojím jako dítě Boží, vyzbrojen mečem Ducha. Budu mluvit Slovo. Obstojím ve vítězství. Nebudu se bát nepřítele – neboť větší je Ten, který je ve mně. Ve jménu Ježíše. Amen.

DEN 1: KREVNÍ LINIE A BRÁNY — PŘESTÁPĚNÍ RODINNÝCH ŘETĚZCŮ

„*Naši otcové hřešili a nejsou, a my neseme jejich trest.*" — Pláč 5:7

Možná jsi spasen, ale tvůj rodokmen má stále svou historii – a dokud nebudou staré smlouvy porušeny, budou dál mluvit.

Na každém kontinentu existují skryté oltáře, rodové smlouvy, tajné sliby a zděděné nepravosti, které zůstávají aktivní, dokud se jimi konkrétně nezabýváme. To, co začalo s praprarodiči, může stále rozhodovat o osudech dnešních dětí.

Globální výrazy

- **Afrika** – Rodinní bohové, věštby, generační čarodějnictví, krvavé oběti.
- **Asie** – Uctívání předků, reinkarnační pouta, karmické řetězy.
- **Latinská Amerika** – Santeria, oltáře smrti, šamanské krevní přísahy.
- **Evropa** – zednářství, pohanské kořeny, pakty o pokrevních liniích.
- **Severní Amerika** – dědictví New Age, zednářská linie, okultní předměty.

Kletba pokračuje, dokud někdo nepovstane a neřekne: „Už dost!"

Hlubší svědectví – Uzdravení od kořenů

Žena ze západní Afriky si po přečtení knihy *Greater Exploits 14* uvědomila, že její chronické potraty a nevysvětlitelné muky souvisely s postavením jejího dědečka jakožto kněze. Krista přijala před lety, ale nikdy se nezabývala rodinnými smlouvami.

Po třech dnech modlitby a půstu byla vedena ke zničení určitých rodinných dědictví a zřeknutí se smluv s využitím Galatským 3:13. V témže měsíci počala a donošené dítě porodila. Dnes vede ostatní v uzdravovací a osvobozovací službě.

Jiný muž v Latinské Americe, o kterém se píše v knize *Osvobozený z moci temnoty* , nalezl svobodu poté, co se zřekl zednářské kletby, která byla tajně zděděna po jeho pradědečkovi. Když začal uplatňovat písma, jako je Izajáš 49:24–26, a účastnit se modliteb za vysvobození, jeho duševní trápení ustalo a v jeho domě se obnovil klid.

Tyto příběhy nejsou náhody – jsou to svědectví o pravdě v praxi.

Akční plán – Rodinná inventura

1. Zapište si všechny známé rodinné víry, praktiky a příslušnosti – náboženské, mystické nebo tajné společnosti.
2. Proste Boha o zjevení skrytých oltářů a smluv.
3. S modlitbou zničte a odstraňte jakýkoli předmět spojený s modlářstvím nebo okultními praktikami.
4. Postěte se podle pokynů a použijte níže uvedené verše k pochopení právního základu:
    - *Levitikus 26:40–42*
    - *Izajáš 49:24–26*
    - *Galatským 3:13*

SKUPINOVÁ DISKUSE A aplikace

- Které běžné rodinné praktiky jsou často přehlíženy jako neškodné, ale mohou být duchovně nebezpečné?
- Nechte členy anonymně sdílet (pokud je to nutné) jakékoli sny, předměty nebo opakující se cykly ve své krevní linii.
- Společná modlitba odříkání – každý může vyslovit jméno rodiny nebo problému, kterého se odříkává.

Nástroje pro službu: Přineste olej pomazání. Nabídněte přijímání. Veďte skupinu v modlitbě smlouvy o nahrazení – zasvěťte každou rodinnou linii Kristu.

Klíčový poznatek

Znovuzrození zachraňuje vašeho ducha. Porušení rodinných smluv zachraňuje váš osud.

Reflexní deník

- Co je v mé rodině? Co se mnou musí přestat?
- Jsou v mém domě nějaké předměty, jména nebo tradice, kterých je třeba se zbavit?
- Jaké dveře otevřeli moji předkové, které teď musím zavřít?

Modlitba za osvobození

Pane Ježíši, děkuji Ti za Tvou krev, která mluví lépe. Dnes se zříkám každého skrytého oltáře, rodinné smlouvy a zděděného otroctví. Lámu řetězy své pokrevní linie a prohlašuji, že jsem novým stvořením. Můj život, rodina a osud nyní patří pouze Tobě. Ve jménu Ježíše. Amen.

DEN 2: INVAZE SNŮ — KDYŽ SE NOC STÁNE BOJIŠTĚM

„Zatímco lidé spali, přišel jeho nepřítel, zasel plevel mezi pšenici a odešel." — Matouš 13:25

Pro mnohé se největší duchovní boj neodehrává za bdění – odehrává se, když spí.

Sny nejsou jen náhodnou mozkovou aktivitou. Jsou to duchovní portály, skrze které se vyměňují varování, útoky, smlouvy a osudy. Nepřítel využívá spánek jako tiché bojiště k zasévání strachu, chtíče, zmatku a odkladů – to vše bez odporu, protože většina lidí si této války není vědoma.

Globální výrazy

- **Afrika** – Duchovní manželé, hadi, jedení ve snech, maškarády.
- **Asie** – Setkání s předky, sny o smrti, karmická trápení.
- **Latinská Amerika** – zvířecí démoni, stíny, spánková paralýza.
- **Severní Amerika** – Astrální projekce, mimozemské sny, reprízy traumat.
- **Evropa** – gotické manifestace, sexuální démoni (inkubové/sukuby), fragmentace duší.

Pokud Satan dokáže ovládat vaše sny, dokáže ovlivnit i váš osud.

Svědectví – Od nočního teroru k míru

Mladá žena ze Spojeného království mi po přečtení knihy *Ex-Satanist: The James Exchange napsala e-mail* . Podělila se o to, jak ji léta trápily sny o tom, jak ji pronásledují, koušou ji psi nebo jak spí s cizími muži – a v reálném životě vždy následovaly neúspěchy. Její vztahy se rozpadaly, pracovní příležitosti se vytratily a ona byla neustále vyčerpaná.

Prostřednictvím půstu a studia veršů z Písma, jako je Job 33:14–18, zjistila, že Bůh často mluví skrze sny – ale totéž dělá i nepřítel. Začala si mazat hlavu olejem, po probuzení nahlas odmítat zlé sny a vést si deník snů. Její sny se postupně stávaly jasnějšími a klidnějšími. Dnes vede podpůrnou skupinu pro mladé ženy trpící záchvaty snů.

Nigerijský podnikatel si po poslechu svědectví na YouTube uvědomil, že jeho sen o tom, že mu každou noc podávají jídlo, souvisí s čarodějnictvím. Pokaždé, když ve snu jídlo přijal, se v jeho podnikání něco pokazilo. Naučil se jídlo ve snu okamžitě odmítnout, před spaním se modlit v jazycích a nyní místo toho vidí božské strategie a varování.

Akční plán – Posilte své noční hlídky

1. **Před spaním:** Čtěte nahlas písma. Uctívejte Boha. Pomažte si hlavu olejem.
2. **Deník snů:** Zapište si každý sen po probuzení – dobrý nebo špatný. Požádejte Ducha svatého o výklad.
3. **Odmítnutí a zřeknutí se:** Pokud sen zahrnuje sexuální aktivitu, mrtvé příbuzné, jídlo nebo otroctví – okamžitě se ho v modlitbě zřekněte.
4. **Biblický boj:**
    - *Žalm 4:8* — Klidný spánek
    - *Jób 33:14–18* — Bůh mluví skrze sny
    - *Matouš 13:25* — Nepřítel rozsévá plevel
    - *Izajáš 54:17* — Není proti tobě vytvořena žádná zbraň

Skupinová žádost

- Sdílejte nedávné sny anonymně. Nechte skupinu rozpoznat vzorce a významy.
- Učte členy, jak ústně odmítat zlé sny a ty dobré zpečeťovat v modlitbě.
- Skupinové prohlášení: „Zakazujeme démonické transakce v našich snech, ve jménu Ježíše!"

Nástroje ministerstva:

- Vezměte si s sebou papír a pera na psaní snů.
- Ukažte, jak si pomazat domov a postel.
- Nabídněte přijímání jako pečeť smlouvy na danou noc.

Klíčový poznatek
Sny jsou buď branami k setkáním s božstvy, nebo démonickými pastmi. Klíčem je rozlišování.

Reflexní deník

- Jaké sny se mi neustále stávaly?
- Věnuji čas přemýšlení o svých snech?
- Varovaly mě snad mé sny před něčím, co jsem ignoroval/a?

Modlitba noční hlídky
Otče, zasvěcuji Ti své sny. Nedovol, aby mi do spánku pronikla žádná zlá síla. Odmítám každou démonickou smlouvu, sexuální znečištění nebo manipulaci ve snech. Ve spánku přijímám božské návštěvy, nebeské pokyny a andělskou ochranu. Kéž jsou mé noci naplněny klidem, zjevením a mocí. Ve jménu Ježíše, amen.

DEN 3: DUCHOVNÍ MANŽELÉ/ MANŽELKY – NESVATÉ SVAZKY, KTERÉ SPOJUJÍ OSUDY

„**N**eboť tvůj manžel je tvůj Stvořitel – Hospodin všemohoucí je jeho jméno..." — Izajáš 54:5
„Své syny a dcery obětovali ďáblům." — Žalm 106:37

Zatímco mnozí volají po manželském průlomu, neuvědomují si, že už jsou v **duchovním manželství** – v takovém, ke kterému nikdy nedali souhlas.

Jde o **smlouvy uzavřené skrze sny, sexuální zneužívání, krevní rituály, pornografii, přísahy předků nebo démonické přenesení** . Duchovní partner – inkub (muž) nebo sukuba (žena) – nabývá zákonného práva na tělo, intimitu a budoucnost dané osoby, často blokuje vztahy, ničí domovy, způsobuje potraty a přiživuje závislosti.

Globální projevy

- **Afrika** – Mořští duchové (Mami Wata), duchovní manželky/ manželé z vodních království.
- **Asie** – Nebeská manželství, karmické kletby spřízněných duší, reinkarnovaní manželé/manželky.
- **Evropa** – čarodějnické odbory, démoničtí milenci ze zednářství nebo druidští kořeny.
- **Latinská Amerika** – santerické sňatky, milostná kouzla, „duchovní sňatky" založené na smlouvách.
- **Severní Amerika** – Pornografií vyvolané duchovní portály, sexuální duchové z New Age, únosy mimozemšťany jako projevy setkání s inkuby.

Skutečné příběhy — Boj o manželskou svobodu

Tolu, Nigérie
Tolu bylo 32 let a byla svobodná. Pokaždé, když se zasnoubila, muž náhle zmizel. Neustále snila o svatbě v propracovaných obřadech. V knize *Greater Exploits 14* si uvědomila, že její případ odpovídá svědectví, které tam bylo sdíleno. Podstoupila třídenní půst a noční modlitby o půlnoci, čímž přerušila pouta duší a vyhnala mořského ducha, který ji ovládl. Dnes je vdaná a radí ostatním.

Lina, Filipíny
Lina často v noci cítila, jak ji provází jakási „přítomnost". Myslela si, že si to jen představuje, dokud se jí na nohou a stehnech nezačaly objevovat modřiny bez jakéhokoli vysvětlení. Její pastor v ní rozpoznal duchovního partnera. Přiznala se k potratu a závislosti na pornografii a poté prošla osvobozením. Nyní pomáhá mladým ženám identifikovat podobné vzorce ve své komunitě.

Akční plán – Porušení úmluvy

1. **Vyznejte se** a čiňte pokání ze sexuálních hříchů, duševních pout, odhalení okultismu nebo rituálů předků.
2. **odmítněte** všechna duchovní manželství – jménem, pokud je odhaleno.
3. **Postěte** se 3 dny (nebo dle pokynů) s Izajášem 54 a Žalmem 18 jako úvodními verši z Písma.
4. **Zničte** fyzické žetony: prsteny, oblečení nebo dárky spojené s minulými milenci nebo okultními vztahy.
5. **Prohlaste nahlas :**

Nejsem ženatý/vdaná s žádným duchem. Jsem zavázán/a smlouvou s Ježíšem Kristem. Odmítám každé démonické spojení ve svém těle, duši i duchu!

Nástroje pro písma

- Izajáš 54:4–8 – Bůh jako tvůj pravý manžel
- Žalm 18 – Přetrhávání pout smrti
- 1. Korintským 6:15–20 – Vaše tělo patří Pánu
- Ozeáš 2:6–8 – Porušení bezbožných smluv

Skupinová žádost

- Zeptejte se členů skupiny: Měli jste někdy v noci sny o svatbách, sexu s cizími lidmi nebo stinných postavách?
- Veďte skupinové zřeknutí se duchovních manželů/manželek.
- Zahrajte si „rozvodový soud v nebi" – každý účastník podá v modlitbě před Bohem duchovní rozvod.
- Používejte olej na pomazání hlavy, břicha a nohou jako symboly očisty, rozmnožování a pohybu.

Klíčový poznatek

Démonická manželství jsou skutečná. Ale neexistuje duchovní spojení, které by nemohlo být zlomeno Ježíšovou krví.

Reflexní deník

- Měl jsem opakované sny o manželství nebo sexu?
- Existují v mém životě vzorce odmítnutí, odkládání nebo potratu?
- Jsem ochoten plně odevzdat své tělo, sexualitu a budoucnost Bohu?

Modlitba za vysvobození

Nebeský Otče, činím pokání z každého sexuálního hříchu, známého či neznámého. Odmítám a zříkám se každého duchovního manžela/manželky, mořského ducha nebo okultního manželství, které si vyžádalo můj život. Mocí v Ježíšově krvi lámu každou smlouvu, semeno snů a pouto duše. Prohlašuji, že jsem Kristova nevěsta, oddělená pro Jeho slávu. Kráčím svobodně ve jménu Ježíše. Amen.

DEN 4: PROKLETÉ PŘEDMĚTY – DVEŘE, KTERÉ ZNEČIŠTĚJÍ

„Ani do svého domu nevneseš ohavnost, abys nebyl proklet jako ona." — Deuteronomium 7:26

Skrytý vstup, který mnozí ignorují

Ne každý majetek je jen majetek. Některé věci nesou historii. Jiné nesou duchy. Prokleté předměty nejsou jen modly nebo artefakty – mohou to být knihy, šperky, sochy, symboly, dary, oblečení nebo dokonce zděděné cennosti, které byly kdysi zasvěceny temným silám. To, co máte na poličce, na zápěstí, na zdi – může být samotným vstupním bodem pro muka ve vašem životě.

Globální pozorování

- **Afrika** : Tyčinky, amulety a náramky spojené s čarodějnicemi nebo uctíváním předků.
- **Asie** : Amulety, sošky zvěrokruhu a chrámové suvenýry.
- **Latinská Amerika** : Náhrdelníky ze santeríí, panenky, svíčky s nápisy duchů.
- **Severní Amerika** : Tarotové karty, ouija desky, lapače snů, hororové memorabilie.
- **Evropa** : Pohanské relikvie, okultní knihy, doplňky s čarodějnickou tematikou.

Jeden evropský pár po návratu z dovolené na Bali zažil náhlou nemoc a duchovní útlak. Aniž by si to uvědomili, koupili si vyřezávanou sochu zasvěcenou místnímu mořskému božstvu. Po modlitbě a rozmyšlení předmět odstranili a spálili. Okamžitě se vrátil klid.

Jiná žena z výpovědí *Greater Exploits* hlásila nevysvětlitelné noční můry, dokud se neodhalilo, že darovaný náhrdelník od její tety byl ve skutečnosti zařízení pro duchovní monitorování posvěcené ve svatyni.

Svůj dům nečistíte jen fyzicky – musíte ho čistit i duchovně.

Svědectví: „Panenka, která mě sledovala"

Lourdes Valdivia, jejíž příběh jsme dříve prozkoumali z Jižní Ameriky, jednou během rodinné oslavy dostala porcelánovou panenku. Její matka ji posvětila v okultním rituálu. Od noci, kdy si ji přinesla do pokoje, začala Lourdes slyšet hlasy, prožívat spánkovou paralýzu a v noci vidět postavy.

Až když se s ní křesťanská kamarádka pomodlila a Duch svatý jí odhalil původ panenky, zbavila se jí. Démonická přítomnost okamžitě odešla. Tím začalo její probuzení – od útlaku k vysvobození.

Akční plán – audit domu a srdce

1. **Projděte se každou místností** ve svém domě s olejem pomazání a Slovem.
2. **Proste Ducha svatého**, aby zdůraznil předměty nebo dary, které nejsou od Boha.
3. **Spalte nebo vyhoďte** předměty, které jsou spojeny s okultismem, modlářstvím nebo nemravností.
4. **Zavřete všechny dveře** verši jako:
    - *Deuteronomium 7:26*
    - *Skutky 19:19*
    - *2. Korintským 6:16–18*

Skupinová diskuse a aktivace

- Podělte se o jakékoli předměty nebo dárky, které jste kdysi vlastnili a které měly ve vašem životě neobvyklý vliv.
- Vytvořte společně „Kontrolní seznam pro úklid domu".
- S dovolením pověřte partnery modlitbou skrze jejich domácí prostředí.
- Pozvěte místního duchovního, který se věnuje osvobození, aby vedl prorockou modlitbu za očistu domova.

Pomůcky pro službu: olej na pomazání, hudba pro bohoslužby, pytle na odpadky (na skutečnou likvidaci) a nehořlavá nádoba na předměty ke zničení.

Klíčový poznatek
To, co dovolíte ve svém prostoru, může zmocnit duchy k vašemu životu.

Reflexní deník

- Které předměty v mém domě nebo šatníku mají nejasný duchovní původ?
- Držel jsem se něčeho kvůli sentimentální hodnotě, čeho se teď musím vzdát?
- Jsem připraven/a posvětit svůj prostor pro Ducha svatého?

Modlitba za očištění
Pane Ježíši, zvu Tvého svatého Ducha, aby odhalil cokoli v mém domově, co není od Tebe. Zříkám se každého prokletého předmětu, daru nebo věci, která byla svázána s temnotou. Prohlašuji svůj domov za svatou půdu. Kéž zde přebývá Tvůj pokoj a čistota. Ve jménu Ježíše. Amen.

DEN 5: OKOUZLENÍ A PODVÁZENÍ — OSVOBOZENÍ OD DUCHA VĚŠTĚNÍ

„Tito muži jsou služebníci Boha Nejvyššího a zvěstují nám cestu spásy." — *Skutky 16:17 (NKJV)*

„Pavel se však velmi rozzlobil, obrátil se a řekl duchu: ,Přikazuji ti ve jménu Ježíše Krista, abys z ní vyšel.' A duch vyšel v tu hodinu." — *Skutky 16:18*

Mezi proroctvím a věštěním je tenká hranice – a mnozí ji dnes překračují, aniž by si to uvědomovali.

Od proroků na YouTube, kteří si účtují poplatky za „osobní slova", až po vykladače tarotu na sociálních sítích citující písma, se svět stal tržištěm duchovního hluku. A tragicky mnoho věřících nevědomky pije ze znečištěných potoků.

Duch **věštění** napodobuje Ducha svatého. Lichotí, svádí, manipuluje s emocemi a polapí své oběti do sítě kontroly. Jeho cílem? **Duchovně je zamotat, oklamat a zotročit.**

Globální projevy věštění

- **Afrika** – věštci, kněží Ifá, vodní duchové, prorocké podvody.
- **Asie** – věštci z dlaně, astrologové, věštci předků, „proroci" reinkarnace.
- **Latinská Amerika** – santeričtí proroci, tvůrci kouzel, svatí s temnými silami.
- **Evropa** – tarotové karty, jasnovidectví, středové kruhy, channeling New Age.
- **Severní Amerika** – „křesťanští" jasnovidci, numerologie v kostelech, andělské karty, duchovní průvodci maskovaní jako Duch svatý.

Nebezpečné není jen to, co říkají – ale i **duch,** který se za tím skrývá.

Svědectví: Od jasnovidce ke Kristu

Američanka na YouTube vypověděla, jak se z role „křesťanské prorokyně" stala skutečností, že jedná pod vlivem věšteckého ducha. Začala mít jasná vidění, pronášet podrobná prorocká slova a přitahovat online velké davy lidí. Zároveň ale bojovala s depresemi, nočními můrami a po každém sezení slyšela šeptající hlasy.

Jednoho dne, když sledovala učení o *Skutcích 16*, jí spadly šupiny. Uvědomila si, že se nikdy nepodřídila Duchu svatému – pouze svému daru. Po hlubokém pokání a osvobození zničila své andělské karty a deník půstu plný rituálů. Dnes káže Ježíše, ne už „slova".

Akční plán – Zkoušení duchů

1. Zeptejte se: Přitahuje mě toto slovo/dar ke **Kristu**, nebo k **osobě**, která ho dává?
2. Zkoumejte každého ducha podle *1. Janova 4:1–3*.
3. Čiňte pokání z jakéhokoli zapojení do psychických, okultních nebo falešných prorockých praktik.
4. Přerušte veškerá pouta duše s falešnými proroky, věštci nebo instruktory čarodějnictví (i online).
5. Prohlaste s odvahou:

„Odmítám každého lživého ducha. Patřím jen Ježíši. Mé uši jsou naladěny na Jeho hlas!"

Skupinová žádost

- Diskutujte: Následovali jste někdy proroka nebo duchovního vůdce, který se později ukázal jako falešný?
- Skupinové cvičení: Veďte členy k tomu, aby se zřekli specifických praktik, jako je astrologie, čtení z duše, psychické hry nebo duchovní influenceři, kteří nejsou zakořeněni v Kristu.
- Pozvěte Ducha svatého: Vyhraďte 10 minut na ticho a naslouchání. Poté se podělte o to, co Bůh zjevuje – pokud vůbec něco.
- Vypalte nebo smažte digitální/fyzické předměty související s věštěním, včetně knih, aplikací, videí nebo poznámek.

Služební nástroje:
Olej na vysvobození, kříž (symbol podřízenosti), koš/kbelík na odhazování symbolických předmětů, hudba k uctívání zaměřená na Ducha svatého.

Klíčový poznatek
Ne všechno nadpřirozené pochází od Boha. Pravé proroctví pramení z důvěrného vztahu s Kristem, nikoli z manipulace nebo podívané.

Reflexní deník

- Přitahovaly mě někdy psychické nebo manipulativní duchovní praktiky?
- Jsem více závislý na „slovech" než na Božím slově?
- Jakým hlasům jsem dal přístup a které je nyní potřeba umlčet?

MODLITBA ZA VYSVOBOZENÍ

Otče, nesouhlasím s každým duchem věštění, manipulace a falešného proroctví. Činím pokání, že jsem hledal vedení mimo Tvůj hlas. Očisti mou mysl, mou duši a mého ducha. Nauč mě žít pouze podle Tvého Ducha. Zavírám všechny dveře, které jsem otevřel okultismu, vědomě či nevědomě. Prohlašuji, že Ježíš je můj Pastýř a slyším pouze Jeho hlas. V mocném jménu Ježíšově, Amen.

DEN 6: BRÁNY OKA – ZAVŘENÍ BRÁN TEMPY

„**O**ko je lampou těla. Jsou-li tvé oči zdravé, celé tvé tělo bude plné světla." — *Matouš 6:22 (NIV)*

„Nepostavím si před oči nic zlého..." — *Žalm 101:3 (KJV)*

V duchovní říši **jsou vaše oči branami**. To, co vstupuje skrze vaše oči, ovlivňuje vaši duši – ať už jde o čistotu, nebo znečištění. Nepřítel to ví. Proto se média, obrazy, pornografie, horory, okultní symboly, módní trendy a svůdný obsah staly bojištěm.

Válka o vaši pozornost je válkou o vaši duši.

To, co mnozí považují za „neškodnou zábavu", je často zašifrovaná pozvánka – k chtíči, strachu, manipulaci, pýše, marnivosti, vzpouře nebo dokonce démonickému připoutání.

Globální brány vizuální temnoty

- **Afrika** – Rituální filmy, nollywoodská témata normalizující čarodějnictví a polygamii.
- **Asie** – Anime a manga s duchovními portály, svůdnými duchy, astrálním cestováním.
- **Evropa** – gotická móda, horory, posedlost upíry, satanské umění.
- **Latinská Amerika** – Telenovely oslavující čarodějnictví, kletby a pomstu.
- **Severní Amerika** – Mainstreamová média, hudební videa, pornografie, „roztomilé" démonické kreslené filmy.

Na co se neustále díváte, na to znecitlivíte.

Příběh: „Kreslený film, který proklel mé dítě"

Matka z USA si všimla, že její pětiletý syn začal v noci křičet a kreslit znepokojivé obrazy. Po modlitbě ji Duch svatý ukázal na kreslený film, který její syn tajně sledoval – plný kouzel, mluvících duchů a symbolů, kterých si nevšimla.

Smazala pořady a pomazala svůj dům a obrazovky. Po několika nocích půlnočních modliteb a Žalmu 91 útoky ustaly a chlapec začal klidně spát. Nyní vede podpůrnou skupinu, která pomáhá rodičům střežit vizuální brány jejich dětí.

Akční plán – Očištění oční brány

1. Udělejte si **mediální audit** : Co sledujete? Čtete? Scrolujete?
2. Zrušte předplatné nebo platformy, které krmí vaše tělo místo vaší víry.
3. Pomažte si oči a obrazovky a hlásejte Žalm 101:3.
4. Nahraďte odpadky zbožnými vstupy – dokumenty, uctíváním, čistou zábavou.
5. Prohlásit:

„Nepostavím si před oči nic ohavného. Mé vidění patří Bohu."
Skupinová žádost

- Výzva: 7denní Eye Gate Fast – žádná toxická média, žádné nečinné rolování.
- Sdílet: Jaký obsah vám Duch svatý řekl, abyste přestali sledovat?
- Cvičení: Vložte si ruce na oči a zřekněte se jakéhokoli znečištění skrze vidění (např. pornografie, horor, marnivost).
- Aktivita: Pozvěte členy, aby mazali aplikace, pálili knihy nebo se zbavovali předmětů, které jim kazí zrak.

Nástroje: Olivový olej, aplikace pro zodpovědnost, spořiče obrazovky s Písmem, modlitební karty Eye Gate.

Klíčový poznatek
Nemůžeš chodit v autoritě nad démony, pokud tě baví.

Reflexní deník

- Čím krmím své oči, které by mohly krmit temnotu v mém životě?

- Kdy jsem naposledy plakal nad tím, co láme Boží srdce?
- Dal jsem Duchu svatému plnou kontrolu nad časem, který trávím u obrazovky?

Modlitba za čistotu

Pane Ježíši, prosím, aby Tvá krev omyla mé oči. Odpusť mi věci, které jsem do sebe vpustil skrze obrazovky, knihy a představivost. Dnes prohlašuji, že mé oči jsou pro světlo, ne pro tmu. Odmítám každý obraz, chtíč a vliv, který nepochází od Tebe. Očisť mou duši. Ochraňuj můj pohled. A dovol mi vidět to, co vidíš Ty – ve svatosti a pravdě. Amen.

DEN 7: SÍLA ZA JMÉNY – ZŘÍKÁNÍ SE BEZSVATÝCH IDENTIT

„**J**ábez vzýval Boha Izraele a říkal: ‚Kéž bys mi opravdu požehnal…'. Bůh mu splnil jeho žádost."
— *1. Paralipomenon 4:10*
„Už se nebudeš jmenovat Abram, ale Abraham…" — *Genesis 17:5*

Jména nejsou jen označení – jsou to duchovní prohlášení. V písmu jména často odrážela osud, osobnost nebo dokonce pouto. Pojmenovat něco znamená dát tomu identitu a směr. Nepřítel to chápe – proto je mnoho lidí nevědomky uvězněno pod jmény danými v nevědomosti, bolesti nebo duchovním poutu.

Stejně jako Bůh měnil jména (Abram na Abrahama, Jákob na Izraele, Saraj na Sáru), stále mění osudy přejmenováním svého lidu.

Globální kontexty jmenného otroctví

- **Afrika** – Děti pojmenované po mrtvých předcích nebo idolech („Ogbanje", „Dike", „Ifunanya" s vázanými významy).
- **Asie** – Reinkarnační jména vázaná na karmické cykly nebo božstva.
- **Evropa** – Jména zakořeněná v pohanském nebo čarodějnickém dědictví (např. Freya, Thor, Merlin).
- **Latinská Amerika** – jména ovlivněná santerií, zejména prostřednictvím duchovních křtů.
- **Severní Amerika** – Názvy převzaté z popkultury, povstaleckých hnutí nebo zasvěcení předkům.

Jména jsou důležitá – a mohou nést moc, požehnání nebo pouto.

Příběh: „Proč jsem musela přejmenovat svou dceru"

V knize *Greater Exploits 14* nigerijský pár pojmenoval svou dceru „Amaka", což znamená „krásná", ale ona trpěla vzácnou nemocí, která lékaře mátla.

Během prorocké konference matka obdržela zjevení: toto jméno kdysi používala její babička, šamanka, jejíž duch si nyní dítě nárokoval.

Změnili jí jméno na „Oluwatamilore" (Bůh mi požehnal) a poté se postili a modlili. Dítě se zcela uzdravilo.

Další případ z Indie se týkal muže jménem „Karma", který bojoval s generačními kletbami. Poté, co se zřekl hinduistických vazeb a změnil si jméno na „Jonathan", začal zažívat průlom ve financích a zdraví.

Akční plán – Prošetření vašeho jména

1. Zjistěte si plný význam svých jmen – křestní, prostřední, příjmení.
2. Zeptej se rodičů nebo starších, proč jsi dostal/a tato jména.
3. V modlitbě se zřekněte negativních duchovních významů nebo zasvěcení.
4. Prohlaste svou božskou identitu v Kristu:

„Jsem povolán Božím jménem. Mé nové jméno je napsáno v nebi." (Zjevení 2:17)

ZAPOJENÍ SKUPINY

- Zeptejte se členů: Co znamená vaše jméno? Měli jste sny, které se s ním snoubí?
- Proneste „pojmenovací modlitbu" – prorocky prohlaste identitu každého člověka.
- Vkládejte ruce na ty, kteří se potřebují osvobodit od jmen svázaných smlouvami nebo rodovým otroctvím.

Pomůcky: Vytiskněte si kartičky s významem jména, přineste si olej na pomazání, použijte verše o změnách jména.

Klíčový poznatek
Nemůžeš chodit ve své pravé identitě a přitom stále odpovídat falešné.

Reflexní deník

- Co znamená mé jméno – duchovně a kulturně?

- Cítím se v souladu se svým jménem, nebo s ním v rozporu?
- Jakým jménem mě nazývá nebe?

Modlitba za přejmenování

Otče, ve jménu Ježíše Ti děkuji, že jsi mi dal novou identitu v Kristu. Zlomím každou kletbu, smlouvu nebo démonické pouto spojené s mými jmény. Zříkám se každého jména, které není v souladu s Tvou vůlí. Přijímám jméno a identitu, kterou mi dalo nebe – plnou moci, účelu a čistoty. Ve jménu Ježíše, Amen.

DEN 8: ODMASKOVÁNÍ FALEŠNÉHO SVĚTLA — PASTĚ NEW AGE A ANDĚLSKÉ KLAMY

„*A není divu! Vždyť sám satan se převléká za anděla světla.*" — 2. Korintským 11:14

„*Milovaní, nevěřte každému duchu, ale zkoumejte duchy, zda jsou z Boha...*" — 1. Janův 4:1

Ne všechno, co září, je Bůh.

V dnešním světě stále více lidí hledá „světlo", „uzdravení" a „energii" mimo Boží slovo. Obrací se k meditaci, jógovým oltářům, aktivaci třetího oka, vyvolání předků, výkladu tarotu, měsíčním rituálům, andělskému channelingu a dokonce i křesťansky znějícímu mysticismu. Klam je silný, protože často přichází s klidem, krásou a mocí – zpočátku.

Ale za těmito hnutími stojí duchové věštění, falešných proroctví a starověká bohyně, která nosí masku světla, aby získala legální přístup k lidským duším.

Globální dosah falešného světla

- **Severní Amerika** – krystaly, očista šalvějí, zákon přitažlivosti, jasnovidci, kódy mimozemského světla.
- **Evropa** – přejmenované pohanství, uctívání bohyní, bílé čarodějnictví, duchovní festivaly.
- **Latinská Amerika** – Santeria smíchaná s katolickými světci a spiritistickými léčiteli (curanderos).
- **Afrika** – Prorocké padělky s použitím andělských oltářů a rituální vody.
- **Asie** – čakry, jógové „osvícení", poradenství v oblasti reinkarnace, chrámoví duchové.

Tyto praktiky mohou nabídnout dočasné „světlo", ale časem duši zatemní.

Svědectví: Vysvobození ze světla, které klamalo

Od *Greater Exploits 14* se Mercy (UK) účastnila andělských workshopů a praktikovala „křesťanskou" meditaci s vonnými tyčinkami, krystaly a andělskými kartami. Věřila, že se dostává k Božímu světlu, ale brzy začala ve spánku slyšet hlasy a v noci pociťovat nevysvětlitelný strach.

Její vysvobození začalo, když jí někdo daroval *knihu Jameses Exchange* , a ona si uvědomila podobnosti mezi svými zkušenostmi a zkušenostmi bývalého satanisty, který hovořil o andělských klamech. Činila pokání, zničila všechny okultní předměty a podrobila se modlitbám za vysvobození.

Dnes směle svědčí proti klamům New Age v církvích a pomohla dalším zříci se podobných cest.

Akční plán – Zkoušení duchů

1. **Zhodnoťte své praktiky a přesvědčení** – jsou v souladu s Písmem, nebo se vám jen zdají duchovní?
2. **Zřekněte se a zničte** všechny materiály falešného světla: krystaly, manuály jógy, andělské karty, lapače snů atd.
3. **Modlete se Žalm 119:105** – proste Boha, aby Jeho Slovo učinil vaším jediným světlem.
4. **Vyhlaste válku zmatku** – spoutejte známé duchy a falešná zjevení.

SKUPINOVÁ ŽÁDOST

- **Diskutujte** : Byli jste vy nebo někdo, koho znáte, vtaženi do „duchovních" praktik, které se nezaměřovaly na Ježíše?
- **Rozlišování v rámci hraní rolí** : Přečtěte si úryvky z „duchovních" výroků (např. „Důvěřuj vesmíru") a porovnejte je s Písmem.
- **Sezení pomazání a vysvobození** : Zničte oltáře falešnému světlu a nahraďte je smlouvou se světlem *světa* (Jan 8:12).

Nástroje ministerstva :

- Přineste si skutečné předměty New Age (nebo jejich fotografie) pro výuku s využitím předmětů.
- Pomodli se za vysvobození od věštců (viz Skutky 16:16–18).

Klíčový poznatek
Satanovou nejnebezpečnější zbraní není tma – je to falešné světlo.

Reflexní deník

- Otevřel jsem duchovní dveře skrze „lehké" učení, které není zakořeněno v Písmu?
- Důvěřuji Duchu svatému, nebo intuici a energii?
- Jsem ochoten vzdát se všech forem falešné spirituality pro Boží pravdu?

MODLITBA ODŘÍKÁNÍ

Otče , činím pokání za vše, čím jsem se bavil nebo se s falešným světlem stýkal. Zříkám se všech forem New Age, čarodějnictví a klamné spirituality. Přerušuji každé pouto duše s andělskými podvodníky, duchovními průvodci a falešným zjevením. Přijímám Ježíše, pravé Světlo světa. Prohlašuji, že nebudu následovat žádný jiný hlas než Tvůj, ve jménu Ježíše. Amen.

DEN 9: KRVENÍ OLTÁŘ — SMLOUVY, KTERÉ VYŽADUJÍ ŽIVOT

„*A postavili Baalova návrší... aby prováděli své syny a dcery ohněm Molochovi.*" — Jeremiáš 32:35

„*A zvítězili nad ním krví Beránka a slovem svého svědectví...*" — Zjevení 12:11

Existují oltáře, které si nejen žádají vaši pozornost – vyžadují vaši krev.

Od starověku až do současnosti jsou krevní smlouvy základní praxí království temnoty. Některé se uzavírají vědomě prostřednictvím čarodějnictví, potratů, rituálních vražd nebo okultních iniciací. Jiné se dědí prostřednictvím praktik předků nebo se k nim nevědomě připojují skrze duchovní nevědomost.

Všude, kde se prolévá nevinná krev – ať už ve svatyních, ložnicích nebo zasedacích místnostech – promlouvá démonický oltář.

Tyto oltáře si vybírají životy, zkracují osudy a vytvářejí legální půdu pro démonické sužování.

Globální oltáře krve

- **Afrika** – rituální zabíjení, peněžní rituály, dětské oběti, krevní smlouvy při narození.
- **Asie** – Chrámové krevní oběti, rodinné kletby skrze potraty nebo válečné přísahy.
- **Latinská Amerika** – santerie, zvířecí oběti, krevní oběti duchům mrtvých.
- **Severní Amerika** – ideologie potratů jako svátosti, bratrstva démonických krevních přísah.
- **Evropa** – Starověké druidské a zednářské rituály, krveprolití z doby druhé světové války, oltáře, které stále nejsou litovány.

Tyto smlouvy, pokud nejsou porušeny, si nadále vybírají životy, často v cyklech.

Pravdivý příběh: Oběť otce

V knize *Osvobozena z moci temnoty* žena ze střední Afriky během seance vysvobození zjistila, že její časté střety se smrtí souvisely s krevní přísahou, kterou složil její otec. Slíbil jí život výměnou za bohatství po letech neplodnosti.

Poté, co jí zemřel otec, začala každý rok v den svých narozenin vídat stíny a zažívat téměř smrtelné nehody. Její průlom nastal, když byla vedena k tomu, aby nad sebou denně prohlašovala Žalm 118:17 – *„Nezemřu, ale budu žít..."* – a poté se modlila za odříkání a postila se. Dnes vede mocnou přímluvnou službu.

Další zpráva z *Greater Exploits 14* popisuje muže z Latinské Ameriky, který se účastnil iniciace do gangu, při níž proléval krev. O několik let později, i po přijetí Krista, byl jeho život v neustálém zmatku – dokud neporušil smlouvu krve prodlouženým půstem, veřejným vyznáním a vodním křtem. Mučení ustalo.

Akční plán – Umlčení krvavých oltářů

1. **Čiňte pokání** za jakýkoli potrat, smlouvy o okultním krvácení nebo zděděné krveprolití.
2. **Zřekněte se** nahlas všech známých i neznámých krevních smluv jménem.
3. **Postete se 3 dny** s denním přijímáním svatého přijímání a prohlašujte Ježíšovu krev za své zákonné přikrytí.
4. **Prohlaste nahlas :**

„Krví Ježíše porušuji každou krevní smlouvu uzavřenou za mě. Jsem vykoupen!"

SKUPINOVÁ ŽÁDOST

- Diskutujte rozdíl mezi přirozenými pokrevními pouty a démonickými pokrevními smlouvami.
- Použijte červenou stuhu/nit k znázornění krvavých oltářů a nůžky k jejich prorockému stříhání.

- Požádejte o svědectví někoho, kdo se osvobodil z otroctví krve.

Nástroje ministerstva :

- Prvky přijímání
- Pomazací olej
- Prohlášení o dodání
- Pokud je to možné, vizuální lámání oltáře při svíčkách

Klíčový poznatek
Satan obchoduje s krví. Ježíš za vaši svobodu přeplatil svou.

Reflexní deník

- Zúčastnil/a jsem se já nebo moje rodina něčeho, co zahrnovalo krveprolití nebo přísahy?
- Vyskytují se v mé krevní linii opakovaná úmrtí, potraty nebo násilné vzorce?
- Důvěřoval jsem plně Ježíšově krvi, že bude hlasitěji mluvit nad mým životem?

Modlitba za vysvobození
Pane Ježíši, děkuji Ti za Tvou drahocennou krev, která mluví lépe než krev Ábelova. Činím pokání za jakoukoli smlouvu z krve, kterou jsem já nebo moji předkové uzavřeli, vědomě či nevědomě. Nyní se jich zříkám. Prohlašuji, že jsem přikryt Beránkovou krví. Ať je každý démonický oltář, který požaduje můj život, umlčen a rozbit. Žiji, protože jsi za mě zemřel. Ve jménu Ježíše, Amen.

DEN 10: NEPLODNOST A ZLOMĚNOST — KDYŽ SE Z LÉKA STÁNE BOJIŠTĚ

„*V tvé zemi nikdo nepotratí ani nebude neplodný; naplním počet tvých dnů.*" — Exodus 23:26

„*Neplodné dává rodinu, činí ji šťastnou matkou. Chvála Hospodinu!*" — Žalm 113:9

Neplodnost je víc než jen lékařský problém. Může být duchovní baštou zakořeněnou v hlubokých emocionálních, rodových a dokonce i územních bitvách.

Napříč národy je nepřítelem zneužívána neplodnost k zahanbení, izolaci a zničení žen a rodin. Zatímco některé příčiny jsou fyziologické, mnohé jsou hluboce duchovní – spojené s generačními oltáři, kletbami, duchovními partnery, potratenými osudy nebo duševními zraněními.

Za každým neplodným lůnem se skrývá nebeský zaslíbení. Často se však před početím skrývá boj, který je třeba vést – v lůně i v duchu.

Globální vzorce neplodnosti

- **Afrika** – Spojeno s polygamií, rodovými kletbami, svatyňovými smlouvami a duchovními dětmi.
- **Asie** – víra v karmu, sliby z minulých životů, generační kletby, kultura studu.
- **Latinská Amerika** – uzavření dělohy vyvolané čarodějnictvím, kouzla závisti.
- **Evropa** – nadměrná závislost na umělém oplodnění, zednářské oběti dětí, vina za potraty.
- **Severní Amerika** – Emoční trauma, duševní zranění, potraty, léky ovlivňující hormony.

SKUTEČNÉ PŘÍBĚHY – od slz ke svědectvím
Maria z Bolívie (Latinská Amerika)

Maria prodělala pět potratů. Pokaždé se jí zdálo, že drží plačící dítě, a pak následující ráno viděla krev. Lékaři nedokázali její stav vysvětlit. Poté, co si přečetla svědectví v knize *Greater Exploits* , si uvědomila, že zdědila rodinný oltář neplodnosti po babičce, která zasvětila všechna ženská dělohy místnímu božstvu.

Čtrnáct dní se postila a recitovala Žalm 113. Její pastor ji vedl k porušení smlouvy pomocí přijímání. O devět měsíců později porodila dvojčata.

Ngozi z Nigérie (Afrika)

Ngozi byla 10 let vdaná a neměla dítě. Během modliteb za vysvobození se ukázalo, že byla v duchovní říši provdána za námořníka. V každém ovulačním cyklu mívala sexuální sny. Po sérii modliteb o půlnočním boji a prorockém aktu spálení snubního prstenu z minulé okultní iniciace se jí otevřela lůna.

Akční plán – Otevření lůna

1. **Identifikujte kořen** – rodový, emocionální, manželský nebo zdravotní.
2. **Čiňte pokání z minulých potratů** , duševních pout, sexuálních hříchů a okultních zasvěcení.
3. **Denně pomazávej své lůno** a přitom recituj Exodus 23:26 a Žalm 113.
4. **Posti se tři dny** a denně přijímej přijímání, odmítni všechny oltáře spojené s tvým lůnem.
5. **Mluvte nahlas** :

Mé lůno je požehnané. Odmítám každou smlouvu neplodnosti. Počnu a budu těhotná mocí Ducha svatého!

Skupinová žádost

- Pozvěte ženy (a páry), aby se podělily o břemena odkladu v bezpečném a modlitebním prostoru.
- Používejte červené šátky nebo látky uvázané kolem pasu – a poté prorocky rozvázané jako znamení svobody.
- Veďte prorocký obřad „pojmenování" – prohlaste děti, které se teprve mají narodit, z víry.
- V modlitebních kruzích zbavte se slovních nadávek, kulturního studu a sebenenávisti.

Nástroje ministerstva:

- Olivový olej (pomazat lůna)
- Společenství
- Pláště/šály (symbolizující přikrývku a novost)

Klíčový poznatek
Neplodnost není konec – je to výzva k válce, k víře a k obnově. Boží otálení není popření.

Reflexní deník

- Jaké emocionální nebo duchovní rány jsou vázány na mé lůno?
- Dovolil jsem, aby stud nebo hořkost nahradily mou naději?
- Jsem ochoten/ochotna čelit základním příčinám s vírou a skutky?

Modlitba za uzdravení a početí
Otče, stojím na Tvém Slově, které říká, že v zemi nebude nikdo neplodný. Odmítám každou lež, oltář a ducha, který má zabránit mé plodnosti. Odpouštím sobě i ostatním, kteří mluvili o mém těle zlo. Přijímám uzdravení, obnovu a život. Prohlašuji své lůno za plodné a svou radost za plnou. Ve jménu Ježíše. Amen.

11. DEN: AUTOIMUNITNÍ PORUCHY A CHRONICKÁ ÚNAVA – NEVIDITELNÁ VÁLKA VNITŘ

„*Dům rozdělený sám proti sobě neobstojí.*" — Matouš 12:25
„*Slabým dává sílu a těm, kdo nemají sílu, rozmnožuje sílu.*" — Izajáš 40:29

Autoimunitní onemocnění jsou onemocnění, při kterých tělo napadá samo sebe – mylně považuje vlastní buňky za nepřátele. Do této skupiny patří lupus, revmatoidní artritida, roztroušená skleróza, Hashimotova choroba a další.

Syndrom chronické únavy (CFS), fibromyalgie a další nevysvětlitelné poruchy vyčerpání se často překrývají s autoimunitními problémy. Kromě biologických problémů si však mnoho lidí, kteří jimi trpí, s sebou nese i emocionální trauma, duševní zranění a duchovní zátěž.

Tělo volá – nejen po lécích, ale i po klidu. Mnozí z nich uvnitř bojují.

Globální pohled

- **Afrika** – Rostoucí počet autoimunitních diagnóz spojených s traumatem, znečištěním a stresem.
- **Asie** – Vysoká míra poruch štítné žlázy spojená s potlačováním rodů a kulturou studu.
- **Evropa a Amerika** – Epidemie chronické únavy a vyhoření z kultury zaměřené na výkon.
- **Latinská Amerika** – Pacienti často chybně diagnostikováni; stigma a duchovní útoky skrze fragmentaci duše nebo kletby.

Skryté duchovní kořeny

- **Sebenenávist nebo stud** – pocit, že „nejsem dost dobrý/á".

- **Neodpuštění vůči sobě nebo druhým** – imunitní systém napodobuje duchovní stav.
- **Nezpracovaný zármutek nebo zrada** – otevírá dveře duševní únavě a fyzickému zhroucení.
- **Šípy způsobené čarodějnictvím nebo žárlivostí** – používané k vysátí duchovní a fyzické síly.

Pravdivé příběhy – Bitvy odehrané ve tmě
Elena ze Španělska

Eleně byl diagnostikován lupus po dlouhém násilném vztahu, který ji citově zlomil. Během terapie a modlitby se ukázalo, že v sobě měla internalizovanou nenávist a věřila, že je bezcenná. Když si začala odpouštět a konfrontovat se s duševními zraněními pomocí Písma, její záchvaty se drasticky zmírnily. Svědčí o léčivé síle Slova a očistě duše.

James z USA

James, cílevědomý manažer korporace, se po 20 letech neustálého stresu zhroutil z chronické únavy (CFS). Během vysvobození se ukázalo, že muže v jeho rodině sužuje generační kletba úsilí bez odpočinku. Vstoupil do období sabatu, modlitby a zpovědi a nalezl obnovení nejen zdraví, ale i identity.

Akční plán – Uzdravení duše a imunitního systému

1. Každé ráno se nahlas **modlete Žalm 103:1–5 – zejména verše 3-5.**
2. **Uveďte svá vnitřní přesvědčení** – co si říkáte? Zbavte se lží.
3. **Odpusťte hluboce** – zejména sami sobě.
4. **Přijměte přijímání**, abyste obnovili smlouvu těla – viz Izajáš 53.
5. **Odpočívej v Bohu** – Sabat není dobrovolný, je to duchovní boj proti vyhoření.

Prohlašuji, že mé tělo není můj nepřítel. Každá buňka ve mně se sladí s božským řádem a mírem. Přijímám Boží sílu a uzdravení.
Skupinová žádost

- Ať se členové podělí o své skryté vzorce únavy nebo emoční vyčerpání.
- Proveďte cvičení „vylití duše" – sepište si břemena a poté je

symbolicky spalte nebo pohřbívejte.
- Vkládejte ruce na ty, kteří trpí autoimunitními příznaky; přikazujte rovnováhu a mír.
- Povzbuďte je k sedmidennímu zapisování emočních spouštěčů a léčivých veršů z Písma.

Nástroje ministerstva:

- Éterické oleje nebo vonné pomazání pro osvěžení
- Deníky nebo poznámkové bloky
- Meditační soundtrack k Žalmu 23

Klíčový poznatek
Co napadá duši, se často projevuje v těle. Uzdravení musí plynout zevnitř ven.

Reflexní deník

- Cítím se bezpečně ve svém těle a myšlenkách?
- Skrývám v sobě stud nebo vinu za minulá selhání či traumata?
- Co mohu udělat pro to, abych začal ctít odpočinek a klid jako duchovní praktiky?

Modlitba za obnovení
Pane Ježíši, Ty jsi můj Léčitel. Dnes odmítám každou lež, že jsem zlomený, špinavý nebo odsouzený k zániku. Odpouštím sobě i druhým. Žehnám každé buňce ve svém těle. Přijímám pokoj v duši a sjednocování svého imunitního systému. Tvými ranami jsem uzdraven. Amen.

DEN 12: EPILEPSIE A DUŠEVNÍ TRÁPENÍ – KDYŽ SE MYSL STÁNE BOJIŠTĚM

„*Pane, smiluj se nad mým synem, neboť je šílený a velmi trpí; často padá do ohně a často do vody.*" — Matouš 17:15
„*Bůh nám nedal ducha bázlivosti, ale síly, lásky a rozvahy.*" — 2. Timoteovi 1:7

Některé strasti nejsou jen zdravotní – jsou to duchovní bojiště maskovaná jako nemoc.

Epilepsie, záchvaty, schizofrenie, bipolární epizody a vzorce duševního trápení mají často skryté kořeny. I když léky mají své místo, rozlišovací schopnost je klíčová. V mnoha biblických zprávách byly záchvaty a duševní útoky důsledkem démonického útlaku.

Moderní společnost léčí to, co Ježíš často *vyhání*.

Globální realita

- **Afrika** – Záchvaty se často připisují kletbám nebo duchům předků.
- **Asie** – Epileptici často skrytí kvůli studu a duchovnímu stigmatu.
- **Latinská Amerika** – Schizofrenie spojená s generačním čarodějnictvím nebo potracenými povoláními.
- **Evropa a Severní Amerika** – Nadměrná diagnóza a nadměrná medikace často maskují démonické kořeny.

Skutečné příběhy – Vysvobození v ohni
Musa ze severní Nigérie

Musa měl od dětství epileptické záchvaty. Jeho rodina vyzkoušela všechno – od místních lékařů až po církevní modlitby. Jednoho dne, během vysvobozovacího obřadu, Duch zjevil, že ho Musův dědeček nabídl jako čarodějnickou výměnu. Poté, co porušil smlouvu a pomazal ho, už nikdy neměl další záchvat.

Daniel z Peru

Danielovi byla diagnostikována bipolární porucha a potýkal se s násilnými sny a hlasy. Později zjistil, že se jeho otec podílel na tajných satanských rituálech v horách. Modlitby za vysvobození a třídenní půst přinesly jasno. Hlasy ustaly. Dnes je Daniel klidný, zotavený a připravuje se na službu.

Znamení, na která si dát pozor

- Opakované epizody záchvatů bez známé neurologické příčiny.
- Hlasy, halucinace, násilné nebo sebevražedné myšlenky.
- Ztráta času nebo paměti, nevysvětlitelný strach nebo fyzické záchvaty během modlitby.
- Rodinné vzorce šílenství nebo sebevražd.

Akční plán – Převzetí moci nad myslí

1. Čiňte pokání ze všech známých okultních vazeb, traumat nebo kleteb.
2. Denně si vkládej ruce na hlavu a prohlašuj, že jsi zdravý/á (2. Timoteovi 1:7).
3. Postěte se a modlete se nad duchy, kteří svazují mysl.
4. Porušte přísahy předků, závazky nebo kletby rodové linie.
5. Pokud je to možné, spojte se se silným modlitebním partnerem nebo týmem pro vysvobození.

Odmítám každého ducha mučení, změti a zmatku. Ve jménu Ježíše přijímám zdravou mysl a stabilní emoce!

Skupinová služba a aplikace

- Identifikujte rodinné vzorce duševních onemocnění nebo záchvatů.
- Modlete se za trpící – používejte olej na pomazání čela.
- Nechte přímluvce chodit po místnosti a volat: „Utiš se, utiš se!" (Marek 4:39)
- Vyzvěte postižené, aby porušili ústní dohody: „Nejsem šílený. Jsem uzdravený a celistvý."

Nástroje ministerstva:

- Pomazací olej
- Karty s prohlášením o uzdravení
- Uctívací hudba, která slouží míru a identitě

Klíčový poznatek
Ne každé trápení je jen fyzické. Některá mají kořeny ve starověkých smlouvách a démonických právních základech, které je třeba řešit duchovně.

Reflexní deník

- Trápily mě někdy myšlenky nebo spánek?
- Existují nevyléčená traumata nebo duchovní dveře, které musím zavřít?
- Jakou pravdu mohu denně hlásat, abych ukotvil svou mysl v Božím slově?

Modlitba za zdraví
Pane Ježíši, Ty jsi Obnovitel mé mysli. Zříkám se každé smlouvy, traumatu nebo démonického ducha, který útočí na můj mozek, emoce a jasnost. Přijímám uzdravení a zdravou mysl. Prohlašuji, že budu žít a nezemřít. Budu fungovat v plné síle, ve jménu Ježíše. Amen.

DEN 13: DUCH STRACHU — PROLOMĚNÍ KLECE NEVIDITELNÉHO MUČENÍ

„**B**ůh nám nedal ducha bázně, ale síly, lásky a rozvahy." — 2. Timoteovi 1:7

„*Strach má muka...*" — 1. Janův 4:18

Strach není jen emoce – může to být *duch* .

Šeptá selhání ještě předtím, než začnete. Zvětšuje odmítnutí. Ochromuje smysl. Paralyzuje národy.

Mnozí jsou v neviditelných vězeních vybudovaných strachem: strachem ze smrti, selhání, chudoby, lidí, nemoci, duchovního boje a neznáma.

Za mnoha úzkostnými záchvaty, panickými poruchami a iracionálními fobiemi se skrývá duchovní úkol, jehož cílem je **neutralizovat osudy** .

Globální projevy

- **Afrika** – Strach zakořeněný v generačních kletbách, odvetě předků nebo negativních reakcích na čarodějnictví.
- **Asie** – Kulturní stud, karmický strach, úzkost z reinkarnace.
- **Latinská Amerika** – Strach z kleteb, vesnických legend a duchovní odvety.
- **Evropa a Severní Amerika** – Skrytá úzkost, diagnostikované poruchy, strach z konfrontace, úspěchu nebo odmítnutí – často duchovní, ale označované jako psychologické.

Skutečné příběhy – Odhalení ducha

Sára z Kanady

Sarah léta nemohla spát ve tmě. V místnosti neustále cítila něčí přítomnost. Lékaři to diagnostikovali jako úzkost, ale žádná léčba nezabrala. Během online sezení pro osvobození se ukázalo, že dětský strach otevřel dveře mučivému duchu prostřednictvím noční můry a hororu. Činila pokání, zřekla se strachu a přikázala mu, aby odešel. Nyní spí v klidu.

Uche z Nigérie

Uche byl povolán kázat, ale pokaždé, když stál před lidmi, ztuhl. Strach byl nepřirozený – dusil ho, paralyzoval ho. V modlitbě mu Bůh ukázal slovní kletbu, kterou pronesl učitel, jenž se mu v dětství posmíval. Toto slovo vytvořilo duchovní řetěz. Jakmile byl přerušen, začal kázat s odvahou.

Akční plán – Překonání strachu

1. **Vyznejte jakýkoli strach jménem** : „Ve jménu Ježíše se zříkám strachu z [_____]."
2. **Denně si nahlas čtěte Žalm 27 a Izajáš 41.**
3. **Uctívejte, dokud panika nenahradí mír.**
4. **Rychle se vyhněte médiím založeným na strachu – hororům, zprávám, drbům.**
5. **Denně prohlašujte** : „Mám zdravou mysl. Nejsem otrokem strachu."

Skupinová přihláška – Průlom v komunitě

- Zeptejte se členů skupiny: Jaký strach vás nejvíce paralyzuje?
- Rozdělte se do malých skupin a veďte modlitby za **odříkání** a **nahrazení** (např. strach → odvaha, úzkost → sebevědomí).
- Ať si každý člověk zapíše jeden strach a spálí ho jako prorocký čin.
- Používejte *pomazací olej* a *vyznání z Písma* navzájem.

Nástroje ministerstva:

- Pomazací olej
- Karty s evangelizací z Písma
- Píseň uctívání: „Už déle otroci" od Bethel

Klíčový poznatek

Tolerovaný strach je **kontaminován vírou** .
Nemůžete být zároveň odvážní a bázliví – zvolte odvahu.

Reflexní deník

- Jaký strach mě provází od dětství?
- Jak strach ovlivnil má rozhodnutí, zdraví nebo vztahy?
- Co bych dělal jinak, kdybych byl úplně svobodný?

Modlitba za osvobození od strachu

Otče , zříkám se ducha strachu. Zavírám každé dveře skrze trauma, slova nebo hřích, které strachu umožnily přístup. Přijímám Ducha moci, lásky a zdravého rozumu. Prohlašuji odvahu, pokoj a vítězství ve jménu Ježíše. Strach už v mém životě nemá místo. Amen.

DEN 14: SATANSKÉ ZNAMENÍ – VYMAZÁNÍ BESVATÉHO ZNAMENÍ

„*Od této chvíle ať mě nikdo neobtěžuje, neboť na svém těle nosím znamení Pána Ježíše.*" — Galatským 6:17
„*Budou vkládat mé jméno na syny Izraele a já jim požehnám.*" — Numeri 6:27

Mnoho osudů je tiše *poznamenáno* v duchovní sféře – ne Bohem, ale nepřítelem.

Tato satanské znamení se mohou projevovat v podobě podivných tělesných znamení, snů o tetování nebo cejchování, traumatického zneužívání, krvavých rituálů nebo zděděných oltářů. Některé jsou neviditelné – rozeznatelné pouze skrze duchovní citlivost – zatímco jiné se projevují jako fyzické znamení, démonická tetování, duchovní cejchování nebo přetrvávající neduhy.

Když je člověk označen nepřítelem, může zažít:

- Neustálé odmítání a nenávist bezdůvodně.
- Opakované duchovní útoky a blokády.
- Předčasná smrt nebo zdravotní krize v určitém věku.
- Být sledován v duchu — vždy viditelný pro temnotu.

Tyto značky fungují jako *legální štítky* a dávají temným duchům povolení k mučení, zdržování nebo sledování.

Ale Ježíšova krev **očišťuje** a **mění jméno**.
Globální výrazy

- **Afrika** – kmenové znaky, rituální řezy, jizvy z okultní iniciace.
- **Asie** – Duchovní pečeti, symboly předků, karmické znaky.
- **Latinská Amerika** – iniciační znamení Brujeria (čarodějnictví),

rodná znamení používaná v rituálech.
- **Evropa** – emblémy svobodných zednářů, tetování vzývající duchovní průvodce.
- **Severní Amerika** – symboly New Age, tetování s rituálním zneužíváním, démonické značkování prostřednictvím okultních smluv.

Skutečné příběhy – Síla rebrandingu
David z Ugandy

David neustále čelil odmítnutí. Nikdo nedokázal vysvětlit proč, navzdory jeho talentu. V modlitbě jeden prorok uviděl na jeho čele „duchovní křížek" – znaménko z dětského rituálu, který prováděl vesnický kněz. Během vysvobození bylo znamení duchovně vymazáno pomazáním olejem a prohlášeními o Ježíšově krvi. Jeho život se během několika týdnů změnil – oženil se, získal práci a stal se vedoucím mládeže.

Sandra z Brazílie

Sandra měla tetování draka z doby svého dospívání, kdy se vzbouřila. Poté, co oddala svůj život Kristu, si všímala intenzivních duchovních útoků, kdykoli se postila nebo modlila. Její pastor rozpoznal, že tetování je démonický symbol spojený se sledováním duchů. Po sezení plném pokání, modlitby a vnitřního uzdravení si nechala tetování odstranit a přerušila pouto duše. Její noční můry okamžitě ustaly.

Akční plán – Vymazat stopu

1. **Požádejte Ducha svatého,** aby vám zjevil jakékoli duchovní nebo fyzické znaky ve vašem životě.
2. **Čiňte pokání** za jakékoli osobní nebo zděděné zapojení do rituálů, které je umožnily.
3. **Potřete si Ježíšovu krev** – čelo, ruce a nohy.
4. **Přerušte monitorovací duchy, pouta duší a zákonná práva** spojená se znameními (viz níže uvedené verše).
5. **Odstraňte fyzická tetování nebo předměty** (jak je uvedeno v návodu), které jsou spojeny s temnými smlouvami.

Skupinová žádost – Rebranding v Kristu

- Zeptejte se členů skupiny: Měli jste někdy značku nebo sen o tom, že budete mít značku?
- Veďte modlitbu za **očištění a znovuzasvěcení** Kristu.
- Pomažte si čelo olejem a prohlaste: *„Nyní nesete znamení Pána Ježíše Krista."*
- Přestaňte s monitorovacími duchy a přeměňte jejich identitu v Kristu.

Nástroje ministerstva:

- Olivový olej (požehnaný k pomazání)
- Zrcadlo nebo bílá látka (symbolické mytí)
- Přijímání (zpečeťte novou identitu

Klíčový poznatek
Co je v duchu označeno, to je **v duchu vidět** – odstraňte to, čím vás nepřítel označil.
Reflexní deník

- Viděl/a jsem někdy na svém těle podivné znaky, modřiny nebo symboly bez vysvětlení?
- Jsou nějaké předměty, piercingy nebo tetování, kterých se musím vzdát nebo je odstranit?
- Znovu jsem plně zasvětil své tělo jako chrám Ducha svatého?

Modlitba za rebranding
Pane Ježíši, zříkám se každého znamení, smlouvy a zasvěcení učiněného v mém těle či duchu mimo Tvou vůli. Tvou krví mažu každé satanské znamení. Prohlašuji, že jsem označen pouze pro Krista. Nechť je na mně Tvá pečeť vlastnictví a ať mě nyní každý duch, který mě sleduje, ztratí. Už nejsem viditelný pro temnotu. Kráčím svobodně – ve jménu Ježíše, Amen.

DEN 15: ZRCADLOVÁ ŘÍŠE — ÚNIK Z VĚZENÍ ODRAZKŮ

Nyní vidíme jako v zrcadle, matně, ale tehdy tváří v tvář..." — 1. Korintským 13:12

„Mají oči, ale nevidí, uši, ale neslyší..." — Žalm 115:5–6

existuje **zrcadlová říše** – místo *falešných identit*, duchovní manipulace a temných odrazů. To, co mnozí vidí ve snech nebo vizích, mohou být zrcadla nikoli od Boha, ale nástroje klamu z temné říše.

V okultismu se zrcadla používají k **chytání duší**, **sledování životů** nebo **přenosu osobností**. V některých seancích osvobození lidé uvádějí, že vidí sami sebe, jak „žijí" na jiném místě – uvnitř zrcadla, na obrazovce nebo za duchovním závojem. Nejedná se o halucinace. Často se jedná o satanské vězení určené k:

- Roztříštit duši
- Oddálení osudu
- Zmatená identita
- Hostujte alternativní duchovní časové osy

Cíl? Vytvořit *falešnou verzi* sebe sama, která žije pod démonickou kontrolou, zatímco vaše skutečné já žije ve zmatku nebo porážce.

Globální výrazy

- **Afrika** – Zrcadlové čarodějnictví používané čaroději k monitorování, chycení do pasti nebo útoku.
- **Asie** – Šamani používají misky s vodou nebo leštěné kameny k „vizení" a přivolání duchů.
- **Evropa** – rituály černého zrcadla, nekromancie skrze odrazy.

- **Latinská Amerika** – Věštění skrz obsidiánová zrcadla v aztéckých tradicích.
- **Severní Amerika** – zrcadlové portály nového věku, zrcadlový pohled pro astrální cestování.

Svědectví – „Dívka v zrcadle"
Maria z Filipín

Maria měla sny o tom, že je uvězněna v místnosti plné zrcadel. Pokaždé, když v životě udělala pokrok, viděla v zrcadle verzi sebe sama, která ji táhla dozadu. Jednou v noci během vysvobození křičela a popsala, jak vidí, jak „vychází ze zrcadla" do svobody. Její pastor jí pomazal oči a vedl ji k tomu, aby se zřekla manipulace se zrcadly. Od té doby se její duševní jasnost, pracovní i rodinný život proměnily.

David ze Skotska

David, kdysi hluboce ponořený do meditace new age, praktikoval „práci se zrcadlem a stínem". Postupem času začal slyšet hlasy a vidět sám sebe, jak dělá věci, které nikdy nezamýšlel. Poté, co přijal Krista, jeden duchovní osvobození přerušil zrcadlové pouto duše a pomodlil se nad jeho myslí. David uvedl, že se poprvé po letech cítil, jako by se „rozplynula mlha".

Akční plán – Zlomte kouzlo zrcadla

1. **Zřekněte se** veškerého známého či neznámého zapojení se zrcadly používanými duchovně.
2. **zakryjte všechna zrcadla ve vaší domácnosti** látkou.
3. **Pomaž si oči a čelo** – prohlaš, že nyní vidíš jen to, co vidí Bůh.
4. **Používejte Písmo** k prohlášení své identity v Kristu, ne v falešných představách:
     - *Izajáš 43:1*
     - *2. Korintským 5:17*
     - *Jan 8:36*

SKUPINOVÁ ŽÁDOST – Obnova identity

- Zeptejte se: Měli jste někdy sny o zrcadlech, dvojnících nebo o tom, že vás někdo pozoroval?
- Veďte modlitbu za obnovení identity – prohlaste osvobození od falešných verzí sebe sama.
- Vložte ruce na oči (symbolicky nebo v modlitbě) a modlete se za jasný zrak.
- Ve skupině použijte zrcadlo a prorocky prohlaste: *„Jsem tím, kým mě Bůh říká. Nic jiného."*

Nástroje ministerstva:

- Bílá látka (zakrývající symboly)
- Olivový olej na pomazání
- Průvodce prohlášením prorockého zrcadla

Klíčový poznatek
Nepřítel rád zkresluje to, jak vnímáte sami sebe – protože vaše identita je vaším přístupovým bodem k osudu.

Reflexní deník

- Věřil jsem snad lžím o tom, kdo jsem?
- Účastnil/a jsem se někdy zrcadlové rituály nebo jsem nevědomky dovolil/a zrcadlové čarodějnictví?
- Co říká Bůh o tom, kdo jsem?

Modlitba za osvobození ze zrcadlové říše
Otče v nebi, lámu každou smlouvu se zrcadlovou říší – každý temný odraz, duchovní dvojník a falešnou časovou linii. Zříkám se všech falešných identit. Prohlašuji, že jsem tím, kým říkáš, že jsem. Skrze Ježíšovu krev vystupuji z vězení odrazů do plnosti svého poslání. Ode dneška vidím očima Ducha – v pravdě a jasnosti. Ve jménu Ježíše, Amen.

DEN 16: PŘELOMOVÁNÍ POUT SLOVNÍCH KLETEB – ZÍSKÁNÍ ZNOVU SVÉHO JMÉNA, SVÉ BUDOUCNOSTI

„*Smrt i život jsou v moci jazyka...*" — Přísloví 18:21

„*Žádná zbraň ušitá proti tobě nebude mít úspěch a každý jazyk, který proti tobě povstane v soudu, odsoudíš...*" — Izajáš 54:17

Slova nejsou jen zvuky – jsou to **duchovní nádoby** nesoucí moc žehnat nebo svazovat. Mnoho lidí nevědomky podléhá tíze **kleteb, které** nad nimi pronášejí rodiče, učitelé, duchovní vůdci, bývalí milenci nebo dokonce jejich vlastní ústa.

Někteří už tohle slyšeli:

- „Nikdy z tebe nic nebude."
- „Jsi úplně jako tvůj otec – k ničemu."
- „Všechno, čeho se dotkneš, selže."
- „Když tě nemůžu mít já, nikdo tě mít nebude."
- „Jsi prokletý... dívej se a uvidíš."

Taková slova, jakmile jsou vyslovena v hněvu, nenávisti nebo strachu – zejména někým u moci – se mohou stát duchovní pastí. Dokonce i samoproklamované kletby jako „*Přál bych si, abych se nikdy nenarodil*" nebo „*Nikdy se neožením*" mohou nepříteli poskytnout právní základ.

Globální výrazy

- **Afrika** – kmenové kletby, rodičovské kletby kvůli vzpouře, tržní kletby.
- **Asie** – slovní prohlášení založená na karmě, sliby předků pronášené nad dětmi.

- **Latinská Amerika** – kletby Brujeria (čarodějnictví) aktivované mluveným slovem.
- **Evropa** – Mluvené kletby, rodinná „proroctví", která se sama naplňují.
- **Severní Amerika** – Slovní napadání, okultní zpěvy, afirmace sebenenávisti.

Ať už šeptem nebo křikem pronesené kletby s emocemi a vírou mají v duchu váhu.

Svědectví – „Když moje matka mluvila o smrti"
Keisha (Jamajka)
Keisha vyrůstala a poslouchala svou matku říkat: *„Ty jsi důvod, proč je můj život zničený."* Každé narozeniny se stalo něco špatného. V 21 letech se pokusila o sebevraždu, přesvědčená, že její život nemá žádnou hodnotu. Během obřadu vysvobození se jí farář zeptal: *„Kdo pronesl slovo smrt nad tvým životem?"* Zhroutila se. Poté, co se zřekla slov a odpustila si, konečně zažila radost. Nyní učí mladé dívky, jak pronesly slovo život nad sebou samými.

Andrej (Rumunsko)
Andrejův učitel jednou řekl: *„Skončíš ve vězení nebo mrtvé, než ti bude 25."* Toto prohlášení ho pronásledovalo. Spáchal zločin a ve 24 letech byl zatčen. Ve vězení se setkal s Kristem a uvědomil si kletbu, se kterou souhlasil. Napsal učiteli odpouštějící dopis, roztrhal každou lež, která o něm byla vyřčena, a začal hlásat Boží zaslíbení. Nyní vede vězeňskou misi.

Akční plán – Zvrátit kletbu

1. Zapište si negativní výroky, které o vás někdo pronesl – ať už od ostatních nebo od vás samotných.
2. V modlitbě **se zřekněte každého slovního prokletí** (řekněte to nahlas).
3. **Odpusťte** tomu, kdo to pronesl.
4. **Mluv o sobě Boží pravdu**, abys nahradil kletbu požehnáním:
   - *Jeremiáš 29:11*
   - *Deuteronomium 28:13*
   - *Římanům 8:37*
   - *Žalm 139:14*

Skupinová přihláška – Síla slov

- Zeptejte se: Která tvrzení formovala vaši identitu – dobrá, nebo špatná?
- Ve skupinách nahlas (s citlivostí) pronášejte kletby a místo nich pronášejte požehnání.
- Použijte kartičky s verši z Písma – každý člověk nahlas přečte 3 pravdy o své identitě.
- Povzbuďte členy, aby nad sebou začali vykonávat sedmidenní *požehnání*.

Nástroje ministerstva:

- Kartičky s identifikací písma
- Olivový olej k pomazání úst (posvěcení řeči)
- Zrcadlová prohlášení – denně říkejte pravdu přes svůj odraz

Klíčový poznatek

Pokud byla vyslovena kletba, může být zlomena – a na jejím místě může být proneseno nové slovo života.

Reflexní deník

- Čí slova utvářela mou identitu?
- Proklínal jsem se strachem, hněvem nebo studem?
- Co říká Bůh o mé budoucnosti?

Modlitba za zlomení slovních kleteb

Pane Ježíši, zříkám se každé kletby pronesené nad mým životem – rodinou, přáteli, učiteli, milenci a dokonce i mnou samotným. Odpouštím každému hlasu, který prohlašoval selhání, odmítnutí nebo smrt. Nyní lámu moc těchto slov, ve jménu Ježíše. Pronáším požehnání, přízeň a osud nad svým životem. Jsem tím, kým říkáš, že jsem – milovaný, vyvolený, uzdravený a svobodný. Ve jménu Ježíše. Amen.

DEN 17: OSVOBOZENÍ OD KONTROLY A MANIPULACE

„*Čarodějnictví není vždycky róby a kotle – někdy jsou to slova, emoce a neviditelná vodítka.*"

„Vzpoura je jako hřích čarodějnictví a tvrdohlavost jako nepravost a modlářství."

— *1. Samuelova 15:23*

Čarodějnictví se nevyskytuje jen ve svatyních. Často se usmívá a manipuluje skrze vinu, výhrůžky, lichotky nebo strach. Bible ztotožňuje vzpouru – zejména vzpouru, která uplatňuje bezbožnou moc nad druhými – s čarodějnictvím. Kdykoli používáme emocionální, psychologický nebo duchovní tlak k ovládnutí vůle někoho jiného, kráčíme v nebezpečném území.

Globální projevy

- **Afrika** – Matky v hněvu proklínají děti, milenci svazují ostatní „džúdžu" neboli lektvary lásky, duchovní vůdci zastrašují své následovníky.
- **Asie** – Guruova kontrola nad žáky, vydírání rodičů v domluvených sňatcích, manipulace s energetickými šňůrami.
- **Evropa** – zednářské přísahy ovládající generační chování, náboženskou vinu a nadvládu.
- **Latinská Amerika** – Brujería (čarodějnictví) používané k udržení partnerů, citové vydírání zakořeněné v rodinných kletbách.
- **Severní Amerika** – Narcistické rodičovství, manipulativní vedení maskované jako „duchovní obal", proroctví založené na strachu.

Hlas čarodějnictví často šeptá: *„Jestli to neuděláš, ztratíš mě, ztratíš Boží přízeň nebo budeš trpět."*

Ale pravá láska nikdy nemanipuluje. Boží hlas vždy přináší pokoj, jasnost a svobodu volby.

Skutečný příběh — Prolomení neviditelného vodítka

Grace z Kanady se hluboce angažovala v prorocké službě, kde jí vedoucí začal diktovat, s kým může chodit, kde může bydlet a dokonce i jak se modlit. Zpočátku se jí to zdálo duchovní, ale postupem času se cítila jako vězeňkyně jeho názorů. Kdykoli se pokusila učinit nezávislé rozhodnutí, bylo jí řečeno, že se „bouří proti Bohu". Po zhroucení a přečtení knihy *Greater Exploits 14* si uvědomila, že se jedná o charismatické čarodějnictví – kontrolu maskovanou jako proroctví.

Grace se zřekla pouta duše se svým duchovním vůdcem, činila pokání za svůj souhlas s manipulací a připojila se k místní komunitě pro uzdravení. Dnes je celistvá a pomáhá ostatním dostat se z náboženského zneužívání.

Akční plán – Rozpoznávání čarodějnictví ve vztazích

1. Zeptejte se sami sebe: *Cítím se s touto osobou svobodně, nebo se bojím ji zklamat?*
2. Uveďte vztahy, ve kterých se jako nástroje kontroly používají vina, výhružky nebo lichocení.
3. Zřekněte se každého emocionálního, duchovního nebo duševního pouta, které ve vás vyvolává pocit, že jste ovládaní nebo že nemáte hlas.
4. Modlete se nahlas, abyste ve svém životě přerušili každé manipulativní vodítko.

Nástroje pro písma

- **1. Samuelova 15:23** – Vzpoura a čarodějnictví
- **Galatským 5:1** – „Stůjte pevně... nenechte se znovu zatížit jhem otroctví."
- **2. Korintským 3:17** – „Kde je Duch Páně, tam je svoboda."
- **Micheáš 3:5–7** – Falešní proroci používají zastrašování a úplatkářství

Skupinová diskuse a aplikace

- Podělte se (anonymně, pokud je to nutné) o situaci, kdy jste se cítili duchovně nebo emocionálně manipulováni.
- Zahrajte si modlitbu „vyprávění pravdy" – zbavte se kontroly nad ostatními a vezměte zpět svou vůli.
- Nechte členy napsat dopisy (skutečné nebo symbolické), v nichž přeruší vazby s dominantními osobnostmi a prohlásí svobodu v Kristu.

Nástroje ministerstva:

- Spojte partnery pro vysvobození.
- Použijte pomazací olej k prohlášení svobody nad myslí a vůlí.
- Používejte přijímání k obnovení smlouvy s Kristem jako *jediné pravé přikrytí*.

Klíčový poznatek
Kde žije manipulace, vzkvétá čarodějnictví. Ale kde je Boží Duch, tam je svoboda.

Reflexní deník

- Komu nebo čemu jsem dovolil ovládat můj hlas, vůli nebo směr?
- Použil/a jsem někdy strach nebo lichotky, abych prosadil/a své?
- Jaké kroky dnes podniknu, abych kráčel/a ve svobodě Kristově?

Modlitba za vysvobození
Nebeský Otče, zříkám se veškeré formy emocionální, duchovní a psychologické manipulace, která působí ve mně nebo kolem mě. Přerušuji každé pouto duše zakořeněné ve strachu, vině a kontrole. Osvobozuji se od vzpoury, nadvlády a zastrašování. Prohlašuji, že jsem veden pouze Tvým Duchem. Přijímám milost chodit v lásce, pravdě a svobodě. Ve jménu Ježíše. Amen.

DEN 18: ZLOMÁNÍ MOCI NEODPUŠTĚNÍ A HOŘKOSTI

"*Neodpuštění je jako pít jed a očekávat, že ten druhý zemře.*"
„**Dávejte pozor**... aby nevyrostl žádný hořký kořen, který by způsobil potíže a poskvrnil mnohé."
— *Židům 12:15*

Hořkost je tichý ničitel. Může začít bolestí – zradou, lží, ztrátou – ale když se nekontroluje, hnije v neodpuštění a nakonec v kořen, který otravuje všechno.

Neodpuštění otevírá dveře trýznivým duchům (Matouš 18:34). Zatemňuje rozlišování, brání uzdravení, dusí vaše modlitby a blokuje tok Boží moci.

Vysvobození neznamená jen vyhánění démonů – jde o uvolnění toho, co jste v sobě drželi.

GLOBÁLNÍ PROJEVY HOŘKOSTI

- **Afrika** – Kmenové války, politické násilí a rodinné zrady se dědily z generace na generaci.
- **Asie** – zneuctění mezi rodiči a dětmi, rány způsobené kastovním původem, náboženské zrady.
- **Evropa** – Generační mlčení nad zneužíváním, hořkost nad rozvodem či nevěrou.
- **Latinská Amerika** – Rány způsobené zkorumpovanými institucemi, odmítnutím ze strany rodiny, duchovní manipulací.
- **Severní Amerika** – bolest v církvi, rasové trauma, nepřítomní otcové, nespravedlnost na pracovišti.

Hořkost ne vždycky volá. Někdy šeptá: „Nikdy nezapomenu, co udělali."

Ale Bůh říká: *Nechte to být – ne proto, že by si to zasloužili oni, ale protože* ***vy*** *si to zasloužíte.*

Skutečný příběh — Žena, která neodpustila

Marii z Brazílie bylo 45 let, když poprvé přišla pro vysvobození. Každou noc se jí zdálo, že ji škrtí. Měla vředy, vysoký krevní tlak a deprese. Během sezení vyšlo najevo, že chovala nenávist vůči svému otci, který ji v dětství zneužíval – a později rodinu opustil.

Stala se křesťankou, ale nikdy mu neodpustila.

Když plakala a pustila ho před Bohem, její tělo se svíralo v křečích – něco se zlomilo. Té noci poprvé po 20 letech klidně spala. O dva měsíce později se její zdraví začalo drasticky zlepšovat. Nyní sdílí svůj příběh jako léčitelská koučka pro ženy.

Akční plán – Vytrhání hořkého kořene

1. **Jmenujte to** – Zapište si jména těch, kteří vám ublížili – třeba i vám samotným nebo Bohu (pokud jste se na Něj tajně hněvali).
2. **Uvolněte to** – Řekněte nahlas: *„Rozhodl jsem se odpustit [jméno] za [konkrétní přestupek]. Uvolňuji je a osvobozuji se."*
3. **Spalte to** – Pokud je to bezpečné, spalte nebo roztrhejte papír jako prorocký akt osvobození.
4. **Modlete se za požehnání** nad těmi, kdo vám ukřivdili – i když se vám vaše emoce brání. Toto je duchovní boj.

Nástroje pro písma

- *Matouš 18:21–35* – Podobenství o neodpouštějícím služebníku
- *Židům 12:15* – Hořké kořeny poskvrňují mnohé
- *Marek 11:25* – Odpusťte, aby vaše modlitby nebyly vyslyšeny.
- *Římanům 12:19–21* – Pomstu nechte Bohu

PŘIHLÁŠKA DO SKUPINY a služba

- Požádejte každého (soukromě nebo písemně), aby jmenoval někoho,

komu se mu těžko odpouští.
- Rozdělte se do modlitebních skupin a projděte si proces odpuštění pomocí níže uvedené modlitby.
- Veďte prorocký „obřad upálení", při kterém jsou písemné prohřešky zničeny a nahrazeny prohlášeními o uzdravení.

Nástroje ministerstva:

- Karty s prohlášením o odpuštění
- Jemná instrumentální hudba nebo provokativně usmívající se uctívání
- Olej radosti (k pomazání po propuštění)

Klíčový poznatek
Neodpuštění je brána, kterou nepřítel zneužívá. Odpuštění je meč, který přesekne pouto otroctví.

Reflexní deník

- Komu mám dnes odpustit?
- Odpustil jsem si – nebo se trestám za minulé chyby?
- Věřím, že Bůh může obnovit to, co jsem ztratil zradou nebo urážkou?

Modlitba za osvobození
Pane Ježíši, přicházím před Tebe se svou bolestí, hněvem a vzpomínkami. Dnes se rozhoduji – vírou – odpustit všem, kteří mě zranili, zneužili, zradili nebo odmítli. Nechávám je jít. Osvobozuji je od soudu a sebe osvobozuji od hořkosti. Prosím Tě, abys uzdravil každou ránu a naplnil mě svým pokojem. Ve jménu Ježíše. Amen.

DEN 19: UZDRAVOVÁNÍ Z HANBY A ODSUZENÍ

„**H**anba říká: ,Jsem špatný.' Odsouzení říká: ,Nikdy nebudu svobodný.' Ale Ježíš říká: ,Jsi můj a já jsem tě stvořil nového.'"
„Ti, kdo k němu hledí, září, jejich tváře se nikdy nehanbí."
— Žalm 34:5

Hanba není jen pocit – je to strategie nepřítele. Je to plášť, kterým se ovinuje kolem těch, kteří padli, selhali nebo byli zneuctěni. Říká: „Nemůžete se přiblížit k Bohu. Jste příliš špinaví. Příliš poškození. Příliš vinni."

Ale odsouzení je **lež** – protože v Kristu **žádné odsouzení není** (Římanům 8:1).

Mnoho lidí, kteří hledají vysvobození, zůstává v pasti, protože věří, že si **svobodu nezaslouží**. Nesou si vinu jako odznak a své nejhorší chyby si přehrávají jako rozbitou desku.

Ježíš nezaplatil jen za tvé hříchy – zaplatil za tvou hanbu.

Globální tváře hanby

- **Afrika** – Kulturní tabu týkající se znásilnění, neplodnosti, bezdětnosti nebo neúspěchu v manželství.
- **Asie** – Hanba za nečestnost z rodinných očekávání nebo náboženské zběhnutí.
- **Latinská Amerika** – Pocit viny z potratů, zapojení do okultismu nebo rodinné hanby.
- **Evropa** – Skrytý stud za tajné hříchy, zneužívání nebo problémy s duševním zdravím.
- **Severní Amerika** – Stud ze závislosti, rozvodu, pornografie nebo zmatku identity.

Hanba vzkvétá v tichu – ale umírá ve světle Boží lásky.

Pravdivý příběh – Nové jméno po potratu

Jasmine z USA podstoupila tři potraty, než přišla ke Kristu. Přestože byla spasena, nemohla si to odpustit. Každý Den matek se cítila jako prokletí. Když lidé mluvili o dětech nebo rodičovství, cítila se neviditelná – a co je horší, nehodná.

Během ženského cvičení zaslechla poselství k Izajášovi 61 – „místo hanby dvojnásobný podíl". Plakala. Té noci psala dopisy svým nenarozeným dětem, znovu činila pokání před Pánem a měla vidění, jak jí Ježíš dává nová jména: *„Milovaná", „Matka", „Obnovená"*.

Nyní slouží ženám po potratu a pomáhá jim znovu najít svou identitu v Kristu.

Akční plán – Vykročte ze stínů

1. **Pojmenujte hanbu** – Zapište si deník o tom, co jste skrývali nebo kvůli čemu se cítíte provinile.
2. **Přiznejte si lež** – Napište si obvinění, kterým jste věřili (např. „Jsem sprostý/á", „Jsem diskvalifikován/a").
3. **Nahraďte Pravdou** – Hlásejte nahlas Boží slovo nad sebou (viz níže uvedené verše).
4. **Prorocký čin** – Napište slovo „HANBA" na kus papíru a poté jej roztrhejte nebo spalte. Prohlaste: *„Už nejsem tímto vázán!"*

Nástroje pro písma

- *Římanům 8:1–2* – V Kristu není žádného odsouzení
- *Izajáš 61:7* – Dvojitý podíl pro hanbu
- *Žalm 34:5* – Záře v Jeho přítomnosti
- *Židům 4:16* – Smělý přístup k Božímu trůnu
- *Sofonjáš 3:19–20* – Bůh odstraňuje hanbu mezi národy

Přihláška do skupiny a služba

- Vyzvěte účastníky, aby napsali anonymní prohlášení o studu (např. „Šla jsem na potrat", „Byla jsem zneužívána", „Spáchala jsem podvod") a vložili je do zapečetěné krabice.
- Přečtěte si nahlas Izajáše 61 a poté se pomodlete za výměnu – smutek za radost, popel za krásu, hanbu za čest.
- Hrajte hudbu pro bohoslužby, která zdůrazňuje identitu v Kristu.
- Pronášejte prorocká slova nad lidmi, kteří jsou připraveni se nechat jít.

Nástroje ministerstva:

- Průkazy totožnosti
- Pomazací olej
- Seznam skladeb pro uctívání s písněmi jako „You Say" (Lauren Daigle), „No Longer Slaves" nebo „Who You Say I Am"

Klíčový poznatek
Hanba je zloděj. Krade ti hlas, radost a autoritu. Ježíš ti nejen odpustil hříchy – zbavil hanbu její moci.

Reflexní deník

- Jaká je nejranější vzpomínka na stud, kterou si pamatuji?
- Jaké lži jsem o sobě věřil/a?
- Jsem připraven/a vidět sám/sama sebe tak, jak mě vidí Bůh – čistého/čistou, zářivého/zářící a vyvoleného/vyvolenou?

Modlitba za uzdravení
Pane Ježíši, přináším Ti svou hanbu, svou skrytou bolest a každý hlas odsouzení. Činím pokání, že jsem souhlasil s lžemi nepřítele o tom, kdo jsem. Rozhodl jsem se věřit tomu, co říkáš – že mi je odpuštěno, že jsem milován a že jsem obnoven. Přijímám Tvůj roucho spravedlnosti a vstupuji do svobody. Vycházím ze hanby a kráčím do Tvé slávy. Ve jménu Ježíše, Amen.

DEN 20: DOMÁCÍ ČARODĚJNICTVÍ – KDYŽ TMA BYDLÍ POD STEJNOU STŘECHOU

„N*e každý nepřítel je venku. Někteří mají známé tváře.*"
„Nepřáteli člověka budou členové jeho vlastní rodiny."
— *Matouš 10:36*

Některé z nejprudších duchovních bitev se neodehrávají v lesích ani ve svatyních – ale v ložnicích, kuchyních a rodinných oltářích.

Čarodějnictví v domácnosti označuje démonické operace, které pocházejí z vlastní rodiny – rodičů, manželů/manželek, sourozenců, domácího personálu nebo širších příbuzných – prostřednictvím závisti, okultních praktik, oltářů předků nebo přímé duchovní manipulace.

Vysvobození se stává složitým, když jsou dotčenými lidmi **ti, které milujeme nebo s nimiž žijeme.**

Globální příklady domácího čarodějnictví

- **Afrika** – Žárlivá nevlastní matka sesílá kletby skrze jídlo; sourozenec vvolává duchy proti úspěšnějšímu bratrovi.
- **Indie a Nepál** – Matky zasvěcují děti božstvům při narození; domácí oltáře se používají k ovládání osudů.
- **Latinská Amerika** – Brujeria neboli Santeria praktikovaná tajně příbuznými za účelem manipulace s manželi nebo dětmi.
- **Evropa** – Skryté zednářství nebo okultní přísahy v rodinných liniích; psychické nebo spiritualistické tradice předávané z generace na generaci.
- **Severní Amerika** – Wiccanští nebo new age rodiče „žehnají" svým dětem krystaly, energetickým čištěním nebo tarotem.

Tyto síly se mohou skrývat za rodinnou náklonností, ale jejich cílem je kontrola, stagnace, nemoc a duchovní otroctví.

Pravdivý příběh – Můj otec, prorok vesnice

Žena ze západní Afriky vyrůstala v domě, kde byl její otec vysoce váženým vesnickým prorokem. Pro cizince byl duchovním vůdcem. Za zavřenými dveřmi zakopával v areálu amulety a přinášel oběti jménem rodin, které toužily po přízni nebo pomstě.

V jejím životě se objevily zvláštní vzorce: opakované noční můry, neúspěšné vztahy a nevysvětlitelné nemoci. Když odevzdala svůj život Kristu, její otec se proti ní obrátil a prohlásil, že bez jeho pomoci nikdy neuspěje. Její život se na roky spirálovitě zvrtl.

Po měsících půlnočních modliteb a půstu ji Duch svatý vedl k tomu, aby se zřekla každého duchovního pouta s okultním pláštěm svého otce. Zahrabala písma do svých zdí, pálila staré žetony a denně pomazávala svůj práh. Pomalu se začaly objevovat průlomy: vrátilo se jí zdraví, vyjasnily se jí sny a konečně se vdala. Nyní pomáhá dalším ženám, které čelí domácím oltářům.

Akční plán – Konfrontace s povědomým duchem

1. **Rozlišujte bez zneuctění** – Proste Boha, aby odhalil skryté síly bez nenávisti.
2. **Zrušte duševní dohody** – Zřekněte se každého duchovního pouta vytvořeného skrze rituály, oltáře nebo ústní přísahy.
3. **Duchovně oddělení** – I když žijete ve stejném domě, můžete se **duchovně odpojit** modlitbou.
4. **Posvěťte svůj prostor** – Pomažte každou místnost, předmět a práh olejem a písmem.

Nástroje pro písma

- *Micheáš 7:5–7* – Nedůvěřuj bližnímu
- *Žalm 27:10* – „I když mě opustí otec i matka..."
- *Lukáš 14:26* – Milovat Krista více než rodinu
- *2. Královská 11:1–3* – Skryté vysvobození od vražedné královny matky
- *Izajáš 54:17* – Žádná zbraň, kterou ušijeme, nebude mít úspěch.

Skupinová žádost

- Podělte se o zkušenosti, kdy se v rodině objevil odpor.
- Modlete se o moudrost, odvahu a lásku tváří v tvář odporu domácnosti.
- Veďte modlitbu zřeknutí se každého pouta duše nebo vyřčené kletby ze strany příbuzných.

Nástroje ministerstva:

- Pomazací olej
- Prohlášení o odpuštění
- Modlitby za uvolnění smlouvy
- Žalm 91 – modlitba

Klíčový poznatek
Pokrevní linie může být požehnáním nebo bojištěm. Jste povoláni ji vykoupit, ne nechat se jí ovládat.

Reflexní deník

- Setkal jsem se někdy s duchovním odporem od někoho blízkého?
- Je tu někdo, komu musím odpustit – i když se stále věnuje čarodějnictví?
- Jsem ochoten/ochotna být oddělen/a, i kdyby to stálo vztahy?

Modlitba za odloučení a ochranu
Otče, uznávám, že největší odpor může přijít od těch, kteří jsou mi nejblíže. Odpouštím každému členovi domácnosti, který vědomě či nevědomě pracuje proti mému osudu. Zlomuji každé pouto duše, kletbu a smlouvu uzavřenou skrze mou rodinnou linii, která není v souladu s Tvým Královstvím. Ježíšovou krví posvěcuji svůj domov a prohlašuji: já i můj dům budeme sloužit Pánu. Amen.

DEN 21: DUCH JEZABEL – SVÁDĚNÍ, OVLÁDÁNÍ A NÁBOŽENSKÁ MANIPULACE

„**A**le toto proti tobě mám: Trpíš tu ženu Jezábel, která si říká prorokyně. Svým učením svádí..." — Zjevení 2:20

„Její konec přijde náhle a nebude k němu léku." — Přísloví 6:15

Někteří duchové křičí zvenčí.

Jezábel šeptá zevnitř.

Nejenže pokouší – **uzurpuje, manipuluje a korumpuje**, zanechává rozbité služby, dusená manželství a národy sváděné vzpourou.

Co je duch Jezábel?

Duch Jezábel:

- Napodobuje proroctví, aby uvedlo v omyl
- Používá šarm a svádění k ovládání
- Nenávidí pravou autoritu a umlčuje proroky
- Skrývá hrdost za falešnou pokorou
- Často se připojuje k vedení nebo k těm, kteří jsou mu blízcí

Tento duch může působit skrze **muže i ženy** a vzkvétá tam, kde se nekontrolovaná moc, ambice nebo odmítnutí nezahojí.

Globální projevy

- **Afrika** – Falešné prorokyně, které manipulují s oltáři a se strachem vyžadují loajalitu.
- **Asie** – Náboženští mystici mísí svádění s vizemi, aby ovládli duchovní kruhy.
- **Evropa** – Starověké kulty bohyní oživené v praktikách New Age pod

názvem zmocnění.
- **Latinská Amerika** – kněžky santerie ovládající rodiny prostřednictvím „duchovních rad".
- **Severní Amerika** – Influenceři na sociálních sítích propagují „božskou ženskost" a zároveň zesměšňují biblickou podřízenost, autoritu nebo čistotu.

Skutečný příběh: *Jezábel, která seděla na oltáři*

V karibské zemi začal kostel hořející pro Boha pomalu a nenápadně slábnout. Přímluvná skupina, která se kdysi scházela k půlnočním modlitbám, se začala rozpadat. Mládežnická služba se propadla do skandálu. Manželství v kostele se začala rozpadat a kdysi vášnivý pastor se stal nerozhodným a duchovně unaveným.

Uprostřed toho všeho stála žena – **sestra R.** Krásná, charismatická a štědrá, kterou mnozí obdivovali. Vždycky měla „slovo od Pána" a snila o osudu všech ostatních. Štědře přispívala na církevní projekty a vysloužila si místo blízko pastora.

V zákulisí nenápadně **pomlouvala jiné ženy** , svedla mladšího pastora a zasévala semínka rozkolu. Vydávala se za duchovní autoritu, zatímco tiše podkopávala skutečné vedení.

Jednou v noci měla dospívající dívka v kostele živý sen – viděla hada stočeného pod kazatelnou, jak šeptá do mikrofonu. Vyděšená se o tom podělila se svou matkou, která ho přinesla pastorovi.

Vedení se rozhodlo držet **třídenní půst,** aby vyhledalo Boží vedení. Třetí den, během modlitebního setkání, se u sestry R začaly projevovat násilné projevy. Syčela, křičela a obviňovala ostatní z čarodějnictví. Následovalo mocné vysvobození a ona se přiznala: v pozdním dospívání byla zasvěcena do duchovního řádu s úkolem **infiltrovat církve a „ukrást jim oheň".**

už byla v **pěti kostelech** . Její zbraní nebyla křiklavost – byly to **lichotky, svádění, kontrola emocí** a prorocká manipulace.

Dnes má tento kostel znovu postavený oltář. Kazatelna byla znovu vysvěcena. A co ta mladá dospívající dívka? Nyní je to vášnivá evangelistka, která vede modlitební hnutí žen.

Akční plán – Jak čelit Jezábel

1. **Čiňte pokání** z jakéhokoli způsobu, jakým jste spolupracovali na manipulaci, sexuální kontrole nebo duchovní pýše.
2. **Rozpoznejte** Jezábeliny rysy – lichocení, vzpoura, svádění, falešné proroctví.
3. **přerušte pouta duší** a nesvatá spojenectví – zejména s kýmkoli, kdo vás odvádí od Božího hlasu.
4. **Prohlaste svou autoritu** v Kristu. Jezábel se bojí těch, kteří vědí, kdo jsou.

Arsenál Písma svatého:

- 1. Královská 18–21 – Jezábel vs. Eliáš
- Zjevení 2:18–29 – Kristovo varování Thyatirům
- Přísloví 6:16–19 – Co Bůh nenávidí
- Galatským 5:19–21 – Skutky těla

Skupinová žádost

- Diskutujte: Byli jste někdy svědky duchovní manipulace? Jak se maskovala?
- Jako skupina vyhlaste politiku „žádné tolerance" vůči Jezábel – v církvi, doma ani ve vedení.
- Pokud je to potřeba, projděte si **modlitbu za vysvobození** nebo se postěte, abyste zlomili její vliv.
- Znovu zasvětit jakoukoli službu nebo oltář, který byl ohrožen.

Nástroje pro službu:
Používejte olej na pomazání. Vytvořte prostor pro zpověď a odpuštění. Zpívejte písně uctívání, které hlásají **Pána Ježíše**.

Klíčový poznatek
Jezábel vzkvétá tam, kde **je rozlišovací schopnost nízká a tolerance vysoká**. Její vláda končí, když se probudí duchovní autorita.

Reflexní deník

- Dovolil jsem, aby mě vedly manipulace?

- Jsou lidé nebo vlivy, které jsem povýšil nad Boží hlas?
- Umlčel jsem svůj prorocký hlas ze strachu nebo ze sebekontroly?

Modlitba za vysvobození

Pane Ježíši, zříkám se každého spojenectví s duchem Jezábel. Odmítám svádění, kontrolu, falešná proroctví a manipulaci. Očisti mé srdce od pýchy, strachu a kompromisů. Beru zpět svou autoritu. Ať je každý oltář, který Jezábel v mém životě postavila, zbořen. Dosazuji Tě, Ježíši, na trůn jako Pána nad mými vztahy, povoláním a službou. Naplň mě rozlišovací schopností a odvahou. Ve Tvém jménu, Amen.

DEN 22: PYTHONY A MODLITBY — ZLOMÁNÍ DUCHA OMEZENÍ

„**K**dyž jsme jednou šli na modlitebnu, potkala nás otrokyně posedlá duchem pythona...*" —* Skutky 16:16

„*Po lvu a zmiji šlapete...*" — Žalm 91:13

Existuje duch, který nekouše – mačká . Dusí tvůj oheň. Vine se kolem tvého modlitebního života, tvého dechu, tvého uctívání, tvé disciplíny – dokud se nezačneš vzdávat toho, co ti kdysi dávalo sílu.

Toto je duch **Pythonu** – démonická síla, která **omezuje duchovní růst, zpožďuje osud, dusí modlitbu a falšuje proroctví** .

Globální projevy

- **Afrika** – Duch krajty se jeví jako falešná prorocká síla, působící v mořských a lesních svatyních.
- **Asie** – Hadí duchové uctíváni jako božstva, která je třeba nakrmit nebo uklidnit.
- **Latinská Amerika** – hadí oltáře ze santerie používané k získání bohatství, chtíče a moci.
- **Evropa** – Symboly hadů v čarodějnictví, věštění a psychických kruzích.
- **Severní Amerika** – Falešné „prorocké" hlasy zakořeněné ve vzpouře a duchovním zmatku.

Svědectví: *Dívka, která nemohla dýchat*

Marisol z Kolumbie začala mít dušnost pokaždé, když si klekla k modlitbě. Svíralo se jí na hrudi. Její sny byly plné obrazů hadů, kteří se jí ovíjeli kolem krku nebo odpočívali pod postelí. Lékaři neshledali nic lékařsky vady.

Jednoho dne se její babička přiznala, že Marisol byla jako dítě „zasvěcena" horskému duchu, o kterém se vědělo, že se zjevuje jako had. Byl to **„ochránce"**, ale něco to stálo.

Během shromáždění za osvobození začala Marisol prudce křičet, když na ni někdo vložil ruce. Cítila, jak se jí něco pohybuje v břiše, na hrudi nahoru a pak ven z úst, jako by jí někdo vypouštíl vzduch.

Po tomto setkání dušnost skončila. Její sny se změnily. Začala vést modlitební shromáždění – přesně to, co se z ní nepřítel kdysi snažil uškrtit.

Známky toho, že jste pod vlivem ducha Pythonu

- Únava a tíha při každé modlitbě nebo uctívání
- Prorocký zmatek nebo klamné sny
- Neustálé pocity škrcení, blokování nebo svázání
- Deprese nebo zoufalství bez zjevné příčiny
- Ztráta duchovní touhy nebo motivace

Akční plán – Prolomení zúžení

1. **Čiňte pokání** z jakéhokoli okultního, psychického nebo rodového zapojení.
2. **Prohlaste své tělo i ducha za jedině Boží.**
3. **Půst a válka** s využitím Izajáše 27:1 a Žalmu 91:13.
4. **Pomažte si hrdlo, hruď a nohy** – a prosaďte si svobodu mluvit, dýchat a žít v pravdě.

Biblické verše o vysvobození:

- Skutky 16:16–18 – Pavel vyhání ducha krajty
- Izajáš 27:1 – Bůh trestá Leviatana, prchajícího hada
- Žalm 91 – Ochrana a autorita
- Lukáš 10:19 – Moc pošlapat hady a štíry

SKUPINOVÁ ŽÁDOST

- Zeptejte se: Co brzdí náš modlitební život – osobní i společný?
- Veďte skupinovou modlitbu s dechem – prohlašujte **Boží dech** (Ruach) nad každým členem.
- Zlomte každý falešný prorocký vliv nebo tlak podobný hadovi v uctívání a přímluvách.

Nástroje služby: Uctívání s flétnami nebo dechovými nástroji, symbolické přestřižení provazů, modlitební šátky pro svobodu dýchání.

Klíčový poznatek
Duch Pythonu dusí to, co Bůh chce zrodit. Musíte se s ním postavit, abyste znovu nabrali dech a odvahu.

Reflexní deník

- Kdy jsem se naposledy cítil/a v modlitbě zcela svobodný/á?
- Existují známky duchovní únavy, které jsem ignoroval/a?
- Přijal jsem nevědomky „duchovní radu", která přinesla ještě větší zmatek?

Modlitba za vysvobození
Otče, ve jménu Ježíše, lámu každého omezujícího ducha, který má za úkol dusit můj záměr. Zříkám se ducha krajty a všech falešných prorockých hlasů. Přijímám dech Tvého Ducha a prohlašuji: Budu volně dýchat, směle se modlit a kráčet vzpřímeně. Každý had, který se ovinul kolem mého života, je odseknut a vyhnán. Nyní přijímám vysvobození. Amen.

DEN 23: TRŮNY NEPRAVOSTI — BOUŘENÍ ÚZEMNÍCH PEVNOSTÍ

„**M**á snad s tebou společenství trůn nepravosti, který skrze zákon vymýšlí zlo?" — Žalm 94:20

„Náš zápas není proti krvi a tělu, ale proti... vládcům temnoty..." — Efezským 6:12

Existují neviditelné **trůny** – zřízené ve městech, národech, rodinách a systémech – kde démonické mocnosti **vládnou legálně** prostřednictvím smluv, zákonů, modlářství a dlouhodobé vzpoury.

Nejedná se o náhodné útoky. Jde o **dosazené autority**, hluboce zakořeněné ve strukturách, které šíří zlo po generace.

Dokud nebudou tyto trůny **duchovně rozebrány**, cykly temnoty budou přetrvávat – bez ohledu na to, kolik modliteb se bude nabízet na povrchní úrovni.

Globální pevnosti a trůny

- **Afrika** – Trůny čarodějnictví v královských pokrevních liniích a tradičních radách.
- **Evropa** – Trůny sekularismu, zednářství a legalizované vzpoury.
- **Asie** – Trůny modlářství v chrámech předků a politických dynastiích.
- **Latinská Amerika** – Trůny narkoteroru, kultů smrti a korupce.
- **Severní Amerika** – Trůny zvrácenosti, potratů a rasového útlaku.

Tyto trůny ovlivňují rozhodnutí, potlačují pravdu a **pohlcují osudy**.

Svědectví: *Vysvobození městského radního*

V jednom městě v jižní Africe nově zvolený křesťanský radní zjistil, že všichni jeho představitelé se buď zbláznili, rozvedli nebo náhle zemřeli.

Po dnech modliteb Pán zjevil **trůn krvavé oběti** zakopaný pod městskou budovou. Místní věštec tam už dávno umístil amulety jako součást územního nároku.

Radní shromáždil modlitebníky, postil se a o půlnoci konal bohoslužbu v zasedací síni. Během tří nocí zaměstnanci hlásili podivné výkřiky ve zdech a výpadky proudu.

Během týdne začala doznání. Byly odhaleny zkorumpované smlouvy a během několika měsíců se zlepšily veřejné služby. Trůn padl.

Akční plán – Sesazení temnoty z trůnu

1. **Určete trůn** – požádejte Pána, aby vám ukázal územní pevnosti ve vašem městě, úřadu, rodové linii nebo regionu.
2. **Čiňte pokání za zemi** (přímluva ve stylu Daniela 9).
3. **Uctívejte strategicky** – trůny se hroutí, když Boží sláva převezme vládu (viz 2 Paralipomenon 20).
4. **Prohlaste jméno Ježíše** za jediného pravého Krále nad touto doménou.

Základní písma:

- Žalm 94:20 – Trůny nepravosti
- Efezským 6:12 – Vládci a autority
- Izajáš 28:6 – Duch spravedlnosti pro ty, kdo bojují
- 2. Královská 23 – Joziáš ničí modlářské oltáře a trůny

ZAPOJENÍ SKUPINY

- Proveďte sestavení „duchovní mapy" vaší čtvrti nebo města.
- Zeptejte se: Jaké jsou zde cykly hříchu, bolesti nebo útlaku?
- Jmenujte „strážce", kteří se budou každý týden modlit u klíčových bran: škol, soudů, trhů.
- Veďte skupinové výnosy proti duchovním vládcům s využitím Žalmu 149:5–9.

Služební nástroje: Šofary, mapy měst, olivový olej na posvěcení země, průvodci modlitebními túrami.

Klíčový poznatek
Pokud chcete ve svém městě vidět transformaci, **musíte zpochybnit trůn stojící za systémem** – nejen tvář před ním.

Reflexní deník

- Probíhají v mém městě nebo rodině opakující se bitvy, které se zdají být větší než já?
- Zdědil jsem snad bitvu proti trůnu, který jsem nedosadil?
- Kteří „vládci" musí být v modlitbě sesazeni?

Modlitba války
Pane, odhal každý trůn nepravosti vládnoucí nad mým územím. Prohlašuji jméno Ježíše za jediného Krále! Ať každý skrytý oltář, zákon, smlouva nebo moc vnucující temnotu bude rozptýlena ohněm. Zaujímám své místo jako přímluvce. Skrze krev Beránka a slovo svého svědectví strhávám trůny a dosazuji Krista nad svým domovem, městem a národem. Ve jménu Ježíše. Amen.

DEN 24: ÚTRBY DUŠE — KDYŽ CHYBÍ ČÁSTI VAŠEHO TELA

„**O**bnovuje mou duši...*"* — Žalm 23:3

„*Uzdravím tvé rány, praví Hospodin, protože jsi nazýván vyvrhelem...*" — Jeremiáš 30:17

Trauma má schopnost ničit duši. Zneužívání. Odmítnutí. Zrada. Náhlý strach. Dlouhotrvající zármutek. Tyto zážitky nezanechávají jen vzpomínky – **zlomí vašeho vnitřního člověka**.

Mnoho lidí se dívá na své celistvé bytosti, ale žijí s **chybějícími kousky sebe sama**. Jejich radost je roztříštěná. Jejich identita je rozptýlená. Jsou uvězněni v emocionálních časových pásmech – část z nich uvízla v bolestivé minulosti, zatímco tělo stále stárne.

Jde o **fragmenty duše** – části vašeho emocionálního, psychologického a duchovního já, které jsou odlomeny v důsledku traumatu, démonického vměšování nebo čarodějnické manipulace.

Dokud tyto kousky nebudou shromážděny, uzdraveny a znovu začleněny skrze Ježíše, **pravá svoboda zůstává nedosažitelná**.

Globální praktiky krádeže duší

- **Afrika** – Šamani zachycují lidskou „podstatu" ve sklenicích nebo zrcadlech.
- **Asie** – Rituály uvěznění duše prováděné guruy nebo tantrickými praktiky.
- **Latinská Amerika** – Šamanské rozdělení duše za účelem kontroly nebo kletby.
- **Evropa** – Okultní zrcadlová magie používaná k rozbití identity nebo krádeži přízně.
- **Severní Amerika** – Trauma z obtěžování, potratu nebo zmatení

identity často vytváří hluboká duševní zranění a roztříštěnost.

Příběh: *Dívka, která nic necítila*
Andrea, 25letá žena ze Španělska, snášela roky sexuálního zneužívání ze strany člena rodiny. Přestože přijala Ježíše, zůstala citově otupělá. Nedokázala plakat, milovat ani cítit empatii.

Jeden z návštěvníků se jí zeptal na zvláštní otázku: „Kde jsi nechala svou radost?" Když Andrea zavřela oči, vzpomněla si, jak jí bylo devět let, schoulená ve skříni a říkala si: „Už nikdy nic nebudu cítit."

Modlili se společně. Andrea odpustila, zřekla se vnitřních slibů a pozvala Ježíše do té konkrétní vzpomínky. Poprvé po letech se nekontrolovatelně rozplakala. Toho dne **se její duše uzdravila** .

Akční plán – Získání a uzdravení duše

1. Zeptej se Ducha svatého: *Kde jsem ztratil část sebe sama?*
2. Odpusťte každému, kdo se v daném okamžiku podílel, a **zřekněte se vnitřních slibů** typu „Už nikdy nebudu věřit".
3. Pozvěte Ježíše do své vzpomínky a promlouvejte do té chvíle uzdravující slova.
4. Modlete se: *„Pane, obnov mou duši. Volám každou část sebe, aby se vrátila a byla uzdravena."*

Klíčové verše z Písma:

- Žalm 23:3 – On obnovuje duši
- Lukáš 4:18 – Uzdravování zlomených srdcem
- 1 Tesalonickým 5:23 – Duch, duše i tělo zachováni
- Jeremiáš 30:17 – Uzdravování vyvrženců a ran

Skupinová žádost

- Veďte členy skrze **modlitební sezení vnitřního uzdravení**.
- Zeptejte se: *Byly ve vašem životě chvíle, kdy jste přestali důvěřovat, cítit nebo snít?*
- Zahrajte si s Ježíšem „návrat do té místnosti" a sledujte, jak uzdravuje

ránu.
- Nechť důvěryhodní vůdci jemně vkládají ruce na hlavy a prohlašují uzdravení duše.

Pomůcky pro službu: Hudba pro bohoslužby, tlumené osvětlení, kapesníky, náměty na psaní deníku.

Klíčový poznatek

Vysvobození neznamená jen vyhánět démony. Je to **shromažďování rozbitých částí a obnovení identity**.

Reflexní deník

- Které traumatické události stále ovlivňují, jak dnes myslím nebo cítím?
- Řekl jsem někdy: „Už nikdy nebudu milovat," nebo „Už nikomu nemůžu věřit"?
- Jak pro mě vypadá „celistvost" – a jsem na ni připraven/a?

MODLITBA ZA OBNOVENÍ

Ježíši, Ty jsi Pastýř mé duše. Přivádím Ti každé místo, kde jsem byl/a zničen/a – strachem, studem, bolestí nebo zradou. Porušuji každý vnitřní slib a kletbu vyřčenou v traumatu. Odpouštím těm, kdo mě zranili. Nyní volám k návratu každou část své duše. Obnov mě plně – ducha, duši i tělo. Nejsem zlomen/a navždy. Jsem celý/á v Tobě. Ve jménu Ježíše. Amen.

DEN 25: KLETBA PODIVNÝCH DĚTÍ – KDYŽ SE OSUDY VYMĚNÍ PŘI NAROZENÍ

„**J***ejich děti jsou cizí děti, nyní je měsíc sežere i s jejich díly."* — Ozeáš 5:7
„Než jsem tě utvořil v lůně, znal jsem tě..." — Jeremiáš 1:5
Ne každé dítě narozené do domova bylo pro tento domov předurčeno.
Ne každé dítě, které nese vaši DNA, nese i váš odkaz.
Nepřítel už dlouho využívá **porod jako bojiště** – vyměňuje si osudy, vkládá falešné potomstvo, uzavírá temné smlouvy s dětmi a manipuluje s dělohami ještě před samotným početím.

Nejde jen o fyzickou záležitost. Je to **duchovní transakce** – zahrnující oltáře, oběti a démonické zákony.

Co jsou to zvláštní děti?

„Zvláštní děti" jsou:

- Děti narozené skrze okultní zasvěcení, rituály nebo sexuální smlouvy.
- Potomci se při narození vyměnili (ať už duchovně, nebo fyzicky).
- Děti, které si do rodiny nebo rodu nesou temné úkoly.
- Duše zajaté v děloze prostřednictvím čarodějnictví, nekromancie nebo generačních oltářů.

Mnoho dětí vyrůstá ve vzpouře, závislosti, nenávisti k rodičům nebo k sobě samým – nejen kvůli špatné výchově, ale i kvůli tomu, **kdo si je duchovně přivlastnil při narození**.

GLOBÁLNÍ VÝRAZY

- **Afrika** – Duchovní výměny v nemocnicích, znečištění dělohy mořskými duchy nebo rituální sex.
- **Indie** – Děti jsou před narozením zasvěcovány do chrámů nebo do osudů založených na karmě.
- **Haiti a Latinská Amerika** – zasvěcení v santerii, děti počaté na oltářích nebo po kouzelách.
- **Západní národy** – praktiky IVF a náhradního mateřství někdy spojené s okultními smlouvami nebo dárcovskými rodokmeny; potraty, které nechávají duchovní dveře otevřené.
- **Domorodé kultury po celém světě** – obřady pojmenování duchů nebo totemické přenosy identity.

Příběh: *Dítě se špatným duchem*

Clara, zdravotní sestra z Ugandy, vyprávěla o tom, jak žena přinesla své novorozené dítě na modlitební setkání. Dítě neustále křičelo, odmítalo mléko a na modlitbu reagovalo prudce.

Prorocké slovo odhalilo, že dítě bylo při narození „vyměněno" v duchu. Matka přiznala, že se nad jejím břichem modlil šaman, když zoufale toužila po dítěti.

Díky pokání a intenzivním modlitbám za vysvobození dítě nejprve zchladlo a poté se uklidnilo. Dítě později prospívalo – vykazovalo známky obnoveného klidu a vývoje.

Ne všechny dětské neduhy jsou přirozené. Některé jsou **dané od početí** .

Akční plán – Znovuzískání osudu lůna

1. Pokud jste rodič, **znovu zasvěte své dítě Ježíši Kristu** .
2. Zřekněte se všech prenatálních kleteb, zasvěcení nebo smluv – i těch, které nevědomky uzavřeli vaši předkové.
3. V modlitbě promluvte přímo k duchu svého dítěte: *„Patříš Bohu. Tvůj osud je obnoven."*
4. Pokud nemáte děti, modlete se nad svým lůnem a odmítejte veškeré formy duchovní manipulace nebo zásahů.

Klíčové verše z Písma:

- Ozeáš 9:11–16 – Soud nad cizím semene
- Izajáš 49:25 – Bojujete za své děti
- Lukáš 1:41 – Děti naplněné Duchem z lůna
- Žalm 139:13–16 – Boží záměrný plán v děloze

Zapojení skupiny

- Ať si rodiče přinesou jména nebo fotografie svých dětí.
- Nad každým jménem prohlaste: „Identita vašeho dítěte je obnovena. Každá cizí ruka je useknuta."
- Modlete se za duchovní očištění lůna všech žen (a mužů jako duchovních nositelů semene).
- Použijte přijímání k symbolizaci znovuzískání osudu pokrevní linie.

Pomůcky pro službu: Přijímání, olej na pomazání, tištěná jména nebo dětské potřeby (volitelné).

Klíčový poznatek

Satan se zaměřuje na lůno, protože **tam se utvářejí proroci, válečníci a osudy**. Ale každé dítě může být získáno zpět skrze Krista.

Reflexní deník

- Měla jsem někdy během těhotenství nebo po porodu divné sny?
- Trápí se mé děti způsobem, který se zdá nepřirozený?
- Jsem připraven/a konfrontovat duchovní kořeny generační vzpoury nebo zpoždění?

Modlitba za znovuzrození

Otče, přináším k Tvému oltáři své lůno, své semeno a své děti. Činím pokání za jakékoli dveře – známé či neznámé – které umožnily nepříteli přístup. Zlomím každou kletbu, zasvěcení a démonické pověření svázané s mými dětmi. Promlouvám nad nimi: Jste svatí, vyvolení a zapečetěni k Boží slávě. Váš osud je vykoupen. Ve jménu Ježíše. Amen.

DEN 26: SKRYTÉ OLTÁŘE MOCI — OSVOBOZENÍ OD ELITNÍCH OKULTNÍCH SMLUV

„*Ďábel ho znovu vzal na velmi vysokou horu a ukázal mu všechna království světa i jejich slávu. ‚To všechno ti dám, když se mi pokloníš a budeš se mi klanět.'"* — Matouš 4:8–9

Mnozí si myslí, že satanská moc se nachází pouze v zákulisních rituálech nebo temných vesnicích. Některé z nejnebezpečnějších smluv se však skrývají za nablýskanými obleky, elitními kluby a vlivem mnoha generací.

Jsou to **oltáře moci** – tvořené krevními přísahami, iniciacemi, tajnými symboly a ústními závazky, které poutávají jednotlivce, rodiny a dokonce i celé národy k Luciferově nadvládě. Od zednářství po kabalistické rituály, od východních hvězdných iniciací po starověké egyptské a babylonské mystérijní školy – slibují osvícení, ale přinášejí otroctví.

Globální spojení

- **Evropa a Severní Amerika** – zednářství, rosikruciánství, Řád Zlatého úsvitu, Lebka a kosti, Bohemian Grove, iniciace do kabaly.
- **Afrika** – Politické krevní pakty, smlouvy s duchy předků o vládu, čarodějnické aliance na vysoké úrovni.
- **Asie** – Osvícené společnosti, pakty dračích duchů, dynastie pokrevních linií spjaté se starověkým čarodějnictvím.
- **Latinská Amerika** – politická santerie, rituální ochrana propojená s kartely, pakty uzavřené za účelem úspěchu a imunity.
- **Blízký východ** – starověké babylonské a asyrské obřady předávané pod náboženskou nebo královskou rouškou.

Svědectví – Vnuk svobodného zednáře nachází svobodu

Carlos, vychovaný ve vlivné rodině v Argentině, nikdy nevěděl, že jeho dědeček dosáhl 33. stupně zednářství. Jeho život sužovaly podivné projevy – spánková paralýza, sabotáž vztahů a neustálá neschopnost dělat pokroky, bez ohledu na to, jak moc se snažil.

Poté, co se zúčastnil učení o osvobození, které odhalilo vazby elity na okultismus, se postavil historii své rodiny a objevil zednářské oděvy a skryté deníky. Během půlnočního půstu se zřekl všech pokrevních smluv a prohlásil svobodu v Kristu. Téhož týdne se mu dostalo pracovního průlomu, na který čekal roky.

Vysoké oltáře vytvářejí opozici na vysoké úrovni – ale **Ježíšova krev** mluví hlasitěji než jakákoli přísaha nebo rituál.

Akční plán – Odhalení Skryté lóže

1. **Prozkoumejte**: Existují ve vaší krevní linii zednářské, ezoterické nebo tajné vazby?
2. **Zřekněte se** každé známé i neznámé smlouvy pomocí prohlášení založených na Matoušovi 10:26–28.
3. **Spalte nebo odstraňte** jakékoli okultní symboly: pyramidy, vševidoucí oči, kompasy, obelisky, prsteny nebo roucha.
4. **Modlete se nahlas**:

„Ruším každou skrytou dohodu s tajnými společnostmi, světelnými kulty a falešnými bratrstvy. Sloužím pouze Pánu Ježíši Kristu."

Skupinová žádost

- Nechte členy zapsat jakékoli známé nebo podezřelé vazby na elitu s okultními vztahy.
- Veďte **symbolický akt přeříznutí vazeb** – trhejte papíry, pálte obrazy nebo jim pomažte čelo jako pečeť odloučení.
- Použijte **Žalm 2** k prohlášení o rozbití národních a rodinných spiknutí proti Hospodinovu pomazanému.

Klíčový poznatek

Satanův největší vliv je často oděn tajemstvím a prestiží. Pravá svoboda začíná, když tyto oltáře odhalíte, zřeknete se jich a nahradíte je uctíváním a pravdou.

Reflexní deník

- Zdědil jsem bohatství, moc nebo příležitosti, které se mi zdají duchovně „nepatřičné"?
- Existují v mém rodu tajná spojení, která jsem ignoroval/a?
- Kolik mě bude stát odříznout bezbožným přístup k moci – a jsem k tomu ochoten?

Modlitba za vysvobození

Otče, vycházím z každé skryté lóže, oltáře a dohody – ve svém jménu nebo ve jménu své pokrevní linie. Přerušuji každé pouto duše, každé pokrevní pouto a každou přísahu učiněnou vědomě či nevědomě. Ježíši, Ty jsi mé jediné Světlo, moje jediná Pravda a moje jediná ochrana. Nechť Tvůj oheň pohltí každé bezbožné pouto k moci, vlivu nebo podvodu. Přijímám úplnou svobodu, ve jménu Ježíše. Amen.

DEN 27: BESVATÉ ALIANCE — ZEDNÁŘSTVÍ, ILUMINÁTI A DUCHOVNÍ INFILTRACE

„*Nemějte nic společného s pustými skutky tmy, ale raději je odhalujte.*" — Efezským 5:11

„*Nemůžete pít kalich Páně i kalich démonů.*" — 1. Korintským 10:21

Existují tajné společnosti a globální sítě, které se prezentují jako neškodné bratrské organizace – nabízejí charitu, spojení nebo osvícení. Za oponou se však skrývají hlubší přísahy, pokrevní rituály, pouta duší a vrstvy luciferiánské doktríny zahalené do „světla".

Zednářství, Ilumináti, Eastern Star, Skull and Bones a jejich sesterské sítě nejsou jen společenské kluby. Jsou to oltáře věrnosti – některé sahají staletí do minulosti – určené k duchovní infiltraci rodin, vlád a dokonce i církví.

Globální stopa

- **Severní Amerika a Evropa** – chrámy svobodných zednářů, lóže skotského ritu, Yaleova galerie Skull & Bones.
- **Afrika** – Politické a královské iniciace se zednářskými rituály, krevní smlouvy za účelem ochrany nebo moci.
- **Asie** – kabalistické školy maskované jako mystické osvícení, tajné klášterní obřady.
- **Latinská Amerika** – Skryté elitní řády, santerie sloučená s vlivem elit a krevními pakty.
- **Blízký východ** – Starověké babylonské tajné společnosti napojené na mocenské struktury a uctívání falešného světla.

TYTO SÍTĚ ČASTO:

- Vyžadovat krev nebo ústní přísahy.
- Používejte okultní symboly (kompasy, pyramidy, oči).
- Provádět obřady k vyvolání nebo zasvěcení své duše řádu.
- Udělit vliv nebo bohatství výměnou za duchovní kontrolu.

Svědectví – Biskupská zpověď
nízké úrovni připojil k zednářství – jednoduše kvůli „konexím". Ale jak postupoval v hierarchii, začal si všímat zvláštních požadavků: přísahy mlčení, obřadů se zavázanýma očima a symboly a „světla", které zchladilo jeho modlitební život. Přestal snít. Nedokázal číst Písmo.

Poté, co činil pokání a veřejně se zřekl každé hodnosti a slibu, se duchovní mlha rozplynula. Dnes směle káže Krista a odhaluje, čeho se kdysi účastnil. Řetězy byly neviditelné – dokud nebyly zlomeny.

Akční plán – Prolomení vlivu zednářství a tajných společností

1. **Identifikujte** jakékoli osobní nebo rodinné zapojení do zednářství, rosikruciánství, kabaly, hnutí Skull and Bones nebo podobných tajných řádů.
2. **Zřekněte se všech úrovní nebo stupňů iniciace**, od 1. do 33. nebo vyšších, včetně všech rituálů, symbolů a přísah. (Zřeknutí se s průvodcem k osvobození můžete najít online.)
3. **Modlete se s autoritou**:

„Ruším každé pouto duše, pokrevní smlouvu a přísahu učiněnou tajným společnostem – mnou nebo v mém zastoupení. Získávám zpět svou duši pro Ježíše Krista!"

1. **Zničte symbolické předměty**: odznaky, knihy, certifikáty, prsteny nebo zarámované obrazy.
2. **Deklarujte** svobodu pomocí:
    - *Galatským 5:1*
    - *Žalm 2:1–6*
    - *Izajáš 28:15–18*

Skupinová žádost

- Nechte skupinu zavřít oči a požádat Ducha svatého, aby odhalil jakékoli tajné vztahy nebo rodinné vazby.
- Korporátní zřeknutí se: projděte si modlitbou a odpusťte každé známé či neznámé spojení s elitními řády.
- Použijte přijímání k zpečetění rozkolu a opětovnému sladění smluv s Kristem.
- Pomažte hlavy a ruce – obnovte jasnost mysli a svaté skutky.

Klíčový poznatek

Co svět nazývá „elitou", může Bůh nazvat ohavností. Ne každý vliv je svatý – a ne každé světlo je Světlo. Neexistuje nic jako neškodné tajemství, pokud jde o duchovní přísahy.

Reflexní deník

- Byl jsem členem tajných řádů či skupin mystického osvícení, nebo jsem se o ně zajímal/a?
- Existují v mé víře známky duchovní slepoty, stagnace nebo chladu?
- Musím čelit rodinným záležitostem s odvahou a grácií?

Modlitba za svobodu

Pane Ježíši, přicházím před Tebe jako jediné pravé Světlo. Zříkám se každého pouta, každé přísahy, každého falešného světla a každého skrytého řádu, který si mě nárokuje. Odříznu zednářství, tajné společnosti, starověká bratrstva a každé duchovní pouto spojené s temnotou. Prohlašuji, že jsem pouze pod krví Ježíše – zpečetěn, vysvobozen a svobodný. Nechť Tvůj Duch spálí všechny zbytky těchto smluv. Ve jménu Ježíše, amen.

DEN 28: KABALA, ENERGETICKÉ SÍTĚ A KOUZLO MYSTICKÉHO „SVĚTLA"

„N*eboť sám satan se vydává za anděla světla."* — 2. Korintským 11:14
„*Světlo, které je ve vás, je tma – jak hluboká je ta tma!"* — Lukáš 11:35

V době posedlé duchovním osvícením se mnozí nevědomky ponořují do starověkých kabalistických praktik, energetického léčení a mystických světelných učení zakořeněných v okultních doktrínách. Tato učení se často maskují jako „křesťanská mystika", „židovská moudrost" nebo „vědecky podložená spiritualita" – ale pocházejí z Babylonu, nikoli ze Sionu.

Kabala není jen židovský filozofický systém; je to duchovní matrice postavená na tajných kódech, božských emanacích (Sefirot) a ezoterických cestách. Je to stejný svůdný podvod, který se skrývá za tarotem, numerologií, portály zvěrokruhu a mřížkami New Age.

Mnoho celebrit, influencerů a obchodních magnátů nosí červené šňůrky, meditují s krystalovou energií nebo se řídí Zoharem, aniž by věděli, že se účastní neviditelného systému duchovního uvěznění.

Globální propletence

- **Severní Amerika** – Centra kabaly maskovaná jako wellness prostory; řízené energetické meditace.
- **Evropa** – Druidská kabala a ezoterické křesťanství vyučované v tajných řádech.
- **Afrika** – Kulty prosperity mísí písmo s numerologií a energetickými portály.
- **Asie** – Léčení čaker přejmenováno na „aktivaci světla" v souladu s univerzálními kódy.
- **Latinská Amerika** – Svatí smíšení s kabalistickými archanděly v

mystickém katolicismu.

Toto je svádění falešného světla – kde se poznání stává bohem a osvícení vězením.

Skutečné svědectví – Únik ze „světelné pasti"

Marisol, jihoamerická obchodní koučka, si myslela, že objevila skutečnou moudrost prostřednictvím numerologie a „toku božské energie" od kabalistického mentora. Její sny se staly živými, její vize ostrými. Ale její klid? Pryč. Její vztahy? Hroutí se.

I přes své každodenní „světelné modlitby" ji ve spánku trápily temné bytosti. Kamarádka jí poslala video svědectví bývalé mystičky, která se setkala s Ježíšem. Té noci Marisol volala k Ježíši. Spatřila oslepující bílé světlo – ne mystické, ale čisté. Vrátil se klid. Zničila své materiály a zahájila svou cestu k osvobození. Dnes provozuje mentoringovou platformu zaměřenou na Krista pro ženy uvězněné v duchovním klamu.

Akční plán – Zřeknutí se falešného osvětlení

1. **Prověřte si** svou expozici: Četli jste mystické knihy, praktikovali energetické léčení, sledovali horoskopy nebo nosili červené šňůrky?
2. **Čiňte pokání** z toho, že hledáte světlo mimo Krista.
3. **Přerušit vazby** s:
    - Učení Kabbaly/Zoharu
    - Energetická medicína nebo aktivace světlem
    - Vzývání andělů nebo dekódování jmen
    - Posvátná geometrie, numerologie nebo „kódy"
4. **Modlete se nahlas :**

„Ježíši, ty jsi světlo světa. Zříkám se každého falešného světla, každého okultního učení a každé mystické pasti. Vracím se k Tobě jako k jedinému zdroji pravdy!"

1. **Písmo k prohlášení :**
    - Jan 8:12
    - Deuteronomium 18:10–12
    - Izajáš 2:6

◦ 2. Korintským 11:13–15

Skupinová žádost

- Zeptejte se: Účastnili jste se vy (nebo vaše rodina) někdy učení New Age, numerologie, kabaly nebo mystického „světla" nebo jste s nimi byli seznámeni?
- Skupinové zřeknutí se falešného světla a opětovné zasvěcení Ježíši jako jedinému Světlu.
- Použijte symboliku soli a světla – dejte každému účastníkovi špetku soli a svíčku, aby prohlásil: „Jsem sůl a světlo jen v Kristu."

Klíčový poznatek
Ne všechno světlo je svaté. Co osvětluje mimo Krista, to nakonec pohltí.
Reflexní deník

- Hledal jsem poznání, moc nebo uzdravení mimo Boží slovo?
- Jakých duchovních nástrojů nebo učení se musím zbavit?
- Je někdo, koho jsem seznámil s New Age nebo „lehkými" praktikami a teď ho potřebuji vést zpět?

Modlitba za vysvobození
Otče, opouštím souhlas s každým duchem falešného světla, mystiky a tajného vědění. Zříkám se kabaly, numerologie, posvátné geometrie a každého temného kódu, který se vydává za světlo. Prohlašuji, že Ježíš je Světlo mého života. Odcházím z cesty klamu a vstupuji do pravdy. Očisť mě svým ohněm a naplň mě Duchem svatým. Ve jménu Ježíše. Amen.

DEN 29: ZÁVOJ ILMINÁTŮ – ODMASKOVÁNÍ ELITNÍCH OKULTNÍCH SÍTÍ

„**K**rálové země se staví a vládci se shromažďují proti Hospodinu a proti jeho Pomazanému.“ — Žalm 2:2

„Nic není skrytého, co by nevyšlo najevo, a nic zatajeného, co by nevyšlo najevo.“ — Lukáš 8:17

V našem světě existuje svět. Skrytý před zraky.

Od Hollywoodu po vysoké finance, od politických koridorů po hudební impéria, síť temných aliancí a duchovních smluv řídí systémy, které utvářejí kulturu, myšlení a moc. Je to víc než jen spiknutí – je to starodávná vzpoura přebalená pro moderní scénu.

Iluminati ve své podstatě nejsou jen tajnou společností – je to luciferiánská agenda. Duchovní pyramida, kde ti na vrcholu přísahají věrnost skrze krev, rituály a výměnu duší, často zahalené do symbolů, módy a popkultury, aby podmínili masy.

Tohle není o paranoii. Jde o uvědomění si.

SKUTEČNÝ PŘÍBĚH – CESTA od slávy k víře

Marcus byl v USA na vzestupu uznávaným hudebním producentem. Když jeho třetí velký hit prorazil v hitparádách, byl představen exkluzivnímu klubu – mocní muži a ženy, duchovní „mentoři“, smlouvy prosáklé tajemstvím. Zpočátku se to zdálo jako elitní mentorství. Pak přišly seance „invokace“ – temné místnosti, červená světla, zpěvy a zrcadlové rituály. Začal zažívat mimotělní cesty, hlasy mu v noci šeptaly písně.

Jedné noci, pod vlivem a mučením, se pokusil vzít si život. Ale Ježíš zasáhl. Přímluva modlící se babičky prolomila jeho sílu. Uprchl, zřekl se systému a zahájil dlouhou cestu za vysvobozením. Dnes odhaluje temnotu tohoto odvětví prostřednictvím hudby, která svědčí o světle.

SKRYTÉ SYSTÉMY KONTROLY

- **Krevní oběti a sexuální rituály** – Iniciace k moci vyžaduje výměnu: tělo, krev nebo nevinnost.
- **Programování mysli (vzorce MK Ultra)** – Používá se v médiích, hudbě a politice k vytváření roztříštěných identit a manipulátorů.
- **Symbolika** – pyramidové oči, fénixové, šachovnicové podlahy, sovy a obrácené hvězdy – brány věrnosti.
- **Luciferská doktrína** – „Dělej, co chceš", „Staň se svým vlastním bohem", „ Osvícení nositele světla ".

Akční plán – Osvobození z elitních sítí

1. **Čiňte pokání** za účast v jakémkoli systému spojeném s okultním zmocňováním, i když nevědomě (hudba, média, smlouvy).
2. **Zřekněte se** slávy za každou cenu, skrytých smluv nebo fascinace elitním životním stylem.
3. **Modlete se za** každou smlouvu, značku nebo síť, jejíž jste součástí. Proste Ducha svatého, aby odhalil skryté vazby.
4. **Prohlaste nahlas** :

„Odmítám každý systém, přísahu a symbol temnoty. Patřím do Království světla. Má duše není na prodej!"

1. **Kotevní písma** :
    - Izajáš 28:15–18 – Smlouva se smrtí neobstojí
    - Žalm 2 – Bůh se směje ničemným spiknutím
    - 1. Korintským 2:6–8 – Vládci tohoto věku nechápou Boží moudrost

SKUPINOVÁ ŽÁDOST

- Veďte skupinu v rámci **očisty symbolů** – přineste obrázky nebo loga, ke kterým mají účastníci otázky.
- Povzbuďte lidi, aby se podělili o to, kde v popkultuře viděli nápisy Iluminátů a jak to ovlivnilo jejich názory.
- Vyzvěte účastníky, aby **znovu zasvětili svůj vliv** (hudba, móda, média) Kristovu záměru.

Klíčový poznatek
Nejsilnější klam je ten, který se skrývá v lesku. Ale když je maska odstraněna, řetězy se zlomí.

Reflexní deník

- Přitahují mě symboly nebo pohyby, kterým plně nerozumím?
- Udělal jsem nějaké sliby nebo dohody ve snaze o vliv nebo slávu?
- Jakou část svého daru nebo platformy musím znovu odevzdat Bohu?

Modlitba za svobodu
Otče, odmítám každou skrytou strukturu, přísahu a vliv iluminátů a elitního okultismu. Zříkám se slávy bez Tebe, moci bez účelu a poznání bez Ducha svatého. Ruším každou krevní či slovní smlouvu, která byla kdy nade mnou uzavřena, vědomě či nevědomě. Ježíši, dosazuji Tě na trůn jako Pána nad mou myslí, dary a osudem. Odhal a znič každý neviditelný řetěz. Ve Tvém jménu povstávám a chodím ve světle. Amen.

DEN 30: TAJEMNÉ ŠKOLY — STAROVĚKÁ TAJEMSTVÍ, MODERNÍ SPOUTÁNÍ

„Jejich hrdla jsou otevřené hroby, jejich jazyky praktikují lest, na jejich rtech je jed zmijí." — Římanům 3:13

„Nepovažujte spiknutí za spiknutí všechno, co tento lid nazývá spiknutím; nebojte se toho, čeho se bojí oni... Hospodina všemohoucích máte považovat za svatého..." — Izajáš 8:12–13

Dlouho před iluminaty existovaly starověké mystérijní školy – Egypt, Babylon, Řecko, Persie – určené nejen k předávání „znalostí", ale i k probouzení nadpřirozených sil prostřednictvím temných rituálů. Dnes jsou tyto školy vzkříšeny v elitních univerzitách, duchovních pobytech, táborech „uvědomění", a dokonce i prostřednictvím online školení maskovaných jako osobní rozvoj nebo probuzení vědomí vyššího řádu.

Od kabalistických kruhů po teosofii, hermetické řády a rosikruciánství – cíl je stejný: „stát se jako bohové", probudit latentní sílu bez odevzdání se Bohu. Skryté zpěvy, posvátná geometrie, astrální projekce, odemykání šišinky mozkové a ceremoniální rituály uvádějí mnohé do duchovního otroctví pod rouškou „světla".

Ale každé „světlo", které není zakořeněno v Ježíši, je falešné světlo. A každá skrytá přísaha musí být zlomena.

Skutečný příběh – Od adepta k opuštění

Sandra*, jihoafrická wellness koučka, byla zasvěcena do egyptského mystérijního řádu prostřednictvím mentorského programu. Výcvik zahrnoval zarovnání čaker, meditace na slunci, měsíční rituály a starověké svitky moudrosti. Začala zažívat „stahování" a „vzestupy", ale ty se brzy změnily v panické ataky, spánkovou paralýzu a sebevražedné epizody.

Když duchovní vysvobození odhalilo zdroj, Sandra si uvědomila, že její duše je spoutána sliby a duchovními smlouvami. Zřeknutí se řádu znamenalo ztrátu příjmu a kontaktů – ale získala svobodu. Dnes vede léčebné centrum zaměřené na Krista a varuje ostatní před klamem New Age.

Společná vlákna dnešních mystérijních škol

- **Kabbala kruhy** – židovská mystika smíchaná s numerologií, uctíváním andělů a astrálními rovinami.
- **Hermetismus** – doktrína „Jak nahoře, tak dole"; zmocnění duše k manipulaci s realitou.
- **Rosekruciáni** – tajné řády spojené s alchymistickou transformací a duchovním vzestupem.
- **Zednářství a ezoterická bratrstva** – Vrstvený postup do skrytého světla; každý stupeň je vázán přísahami a rituály.
- **Duchovní pobyty** – psychedelické „osvícenské" ceremoniály se šamany nebo „průvodci".

Akční plán – Zlomení starověkých jhů

1. **Zřekněte se** všech smluv uzavřených skrze iniciace, kurzy nebo duchovní smlouvy mimo Krista.
2. **Zrušte** sílu každého zdroje „světla" nebo „energie", který není zakořeněn v Duchu svatém.
3. **Očistěte** svůj domov od symbolů: ankhů, Horova oka, posvátné geometrie, oltářů, kadidla, soch nebo rituálních knih.
4. **Prohlaste nahlas** :

„Odmítám každou starověkou i moderní cestu k falešnému světlu. Podřizuji se Ježíši Kristu, pravému Světlu. Každá tajná přísaha je porušena Jeho krví."

KOTEVNÍ PÍSMA

- Koloským 2:8 – Žádná prázdná a klamná filozofie

- Jan 1:4–5 – Pravé světlo svítí ve tmě
- 1. Korintským 1:19–20 – Bůh ničí moudrost moudrých

SKUPINOVÁ ŽÁDOST

- Uspořádejte symbolický večer „pálení svitků" (Skutky 19:19) – kdy členové skupiny přinesou a zničí veškeré okultní knihy, šperky a další předměty.
- Modlete se za lidi, kteří si „stáhnuli" podivné znalosti nebo si meditací otevřeli čakry třetího oka.
- Proveďte účastníky modlitbou **„přenosu světla"** – požádejte Ducha svatého, aby převzal kontrolu nad každou oblastí, která byla dříve odevzdána okultnímu světlu.

KLÍČOVÝ POZNATEK

Bůh neskrývá pravdu v hádankách a rituálech – zjevuje ji skrze svého Syna. Mějte se na pozoru před „světlem", které vás táhne do tmy.

REFLEXNÍ DENÍK

- Přihlásil(a) jsem se k nějaké online nebo fyzické škole slibující starověkou moudrost, aktivaci nebo tajemné síly?
- Existují knihy, symboly nebo rituály, které jsem kdysi považoval za neškodné, ale teď se kvůli nim cítím usvědčen?
- Kde jsem hledal duchovní zkušenost více než vztah s Bohem?

Modlitba za vysvobození

Pane Ježíši, Ty jsi Cesta, Pravda a Světlo. Činím litu každé cesty, kterou jsem se vydal a která obcházela Tvé Slovo. Zříkám se všech mystérijních škol, tajných řádů, přísah a zasvěcení. Přerušuji pouta duše se všemi průvodci, učiteli, duchy a systémy zakořeněnými ve starodávném klamu. Rozsviť svým světlem každé skryté místo mého srdce a naplň mě pravdou svého Ducha. Ve jménu Ježíše kráčím svobodně. Amen.

DEN 31: KABALA, POSVÁTNÁ GEOMETRIE A ELITNÍ SVĚTELNÝ KLAM

„*Neboť sám satan se převléká za anděla světla.*" — 2. Korintským 11:14
„*Skryté věci patří Hospodinu, našemu Bohu, ale zjevné věci patří nám...*" — Deuteronomium 29:29

V našem hledání duchovního poznání se skrývá nebezpečí – vábení „skryté moudrosti", která slibuje moc, světlo a božství odděleně od Krista. Od kruhů celebrit po tajné lóže, od umění po architekturu, se napříč světem vine vzorec klamu, který láká hledající do ezoterické sítě **kabaly**, **posvátné geometrie** a **mysteriózních učení**.

Nejedná se o neškodné intelektuální zkoumání. Jsou to vstupní brány do duchovních smluv s padlými anděly maskovanými jako světlo.

GLOBÁLNÍ PROJEVY

- **Hollywood a hudební průmysl** – Mnoho celebrit otevřeně nosí kabalistické náramky nebo tetování posvátných symbolů (jako je Strom života), které sahají až k okultní židovské mystice.
- **Móda a architektura** – Zednářské vzory a posvátné geometrické vzory (Květ života, hexagramy, Horovo oko) jsou zakotveny v oděvech, budovách a digitálním umění.
- **Střední východ a Evropa** – Centra studia kabaly vzkvétají mezi elitami a často mísí mystiku s numerologií, astrologií a andělskými invokacemi.
- **Online a New Age kruhy po celém světě** – YouTube, TikTok a

podcasty normalizují učení „světelné kódy", „energetické portály", „vibrace 3–6–9" a „božskou matrici" založená na posvátné geometrii a kabalistických rámcích.

Skutečný příběh — Když se světlo stane lží
Sedmadvacetiletá Jana ze Švédska začala s kabalou poté, co se inspirovala svou oblíbenou zpěvačkou, která jí připisovala zásluhy za její „kreativní probuzení". Koupila si náramek z červené šňůrky, začala meditovat s geometrickými mandalami a studovat andělská jména ze starověkých hebrejských textů.

Věci se začaly měnit. Její sny se staly zvláštními. Ve spánku cítila vedle sebe bytosti, které jí šeptaly moudrost – a pak se dožadovaly krve. Stíny ji pronásledovaly, ale ona toužila po větším světle.

Nakonec na internetu narazila na video o vysvobození a uvědomila si, že jejím trápením nebyl duchovní vzestup, ale duchovní klam. Po šesti měsících sezení s vysvobozením, půstu a pálení všech kabalistických předmětů v jejím domě se začal vracet klid. Nyní varuje ostatní prostřednictvím svého blogu: „Falešné světlo mě málem zničilo."

ROZLIŠOVÁNÍ CESTY

Kabala, ačkoli je někdy oděna do náboženských rouch, odmítá Ježíše Krista jako jedinou cestu k Bohu. Často povyšuje **„božské já"**, podporuje **channeling** a **vzestup stromu života** a používá **matematickou mystiku** k přivolání moci. Tyto praktiky otevírají **duchovní brány** – ne do nebe, ale k entitám maskovaným jako nositelé světla.

Mnoho kabalistických doktrín se prolíná s:

- zednářství
- Rosekruciánství
- Gnosticismus
- Luciferiánské osvícenské kulty

Společný jmenovatel? Snaha o božství bez Krista.
Akční plán – Odhalení a odstranění falešného světla

1. **Čiňte pokání** z veškerého zapojení se do kabaly, numerologie, posvátné geometrie nebo učení „mysteriózních škol".
2. **Zničte předměty** ve svém domě spojené s těmito praktikami – mandaly, oltáře, kabalistické texty, krystalové mřížky, šperky s posvátnými symboly.
3. **Zřekněte se duchů falešného světla** (např. Metatrona, Raziela, Šekiny v mystické podobě) a přikažte každému falešnému andělu, aby odešel.
4. **Ponořte se** do jednoduchosti a dostatečnosti Kristovy (2. Korintským 11:3).
5. **Postěte se a pomažte** se – oči, čelo, ruce – zřekněte se veškeré falešné moudrosti a prohlaste svou věrnost jedině Bohu.

Skupinová žádost

- Sdílejte veškerá setkání se „světlými učeními", numerologií, kabalistickými médii nebo posvátnými symboly.
- Ve skupině si vyjmenujte fráze nebo přesvědčení, která zní „duchovně", ale odporují Kristu (např. „Jsem božský", „vesmír poskytuje", „Kristovo vědomí").
- Pomažte každého člověka olejem a zároveň prohlašujte Jan 8:12 – *„Ježíš je světlo světa."*
- Spalte nebo zlikvidujte veškeré materiály nebo předměty, které odkazují na posvátnou geometrii, mysticismus nebo „božské kódy".

KLÍČOVÝ POZNATEK

Satan nepřichází jako první jako ničitel. Často přichází jako osvítitel – nabízí tajné poznání a falešné světlo. Ale toto světlo vede pouze do hlubší temnoty.

Reflexní deník

- Otevřel jsem svého ducha nějakému „duchovnímu světlu", které obcházelo Krista?
- Jsou tam symboly, fráze nebo předměty, které jsem považoval za neškodné, ale teď je rozpoznávám jako portály?
- Povýšil jsem osobní moudrost nad biblickou pravdu?

Modlitba za vysvobození

Otče, zříkám se každého falešného světla, mystického učení a tajného poznání, které zamotalo mou duši. Vyznávám, že pouze Ježíš Kristus je pravým Světlem světa. Odmítám kabalu, posvátnou geometrii, numerologii a všechny doktríny démonů. Nechť je nyní každý falešný duch vykořeněn z mého života. Očisti mé oči, mé myšlenky, mou představivost a mého ducha. Jsem jen Tvůj – duch, duše i tělo. Ve jménu Ježíše. Amen.

DEN 3 2: HADIÍ DUCH UVNITŘ — KDYŽ VYSVOBOZENÍ PŘICHÁZÍ PŘÍLIŠ POZDĚ

„**M**ají oči plné cizoložství… svádějí nestálé duše… jdou cestou Balaáma… pro kterého je navěky připravena temnota." — 2. Petrův 2:14–17

„Nenechte se oklamat, Bohu se nelze posmívat. Co člověk zaseje, to i sklidí." — Galatským 6:7

Existuje démonická napodobenina, která se vydává za osvícení. Léčí, dodává energii, posiluje – ale jen na chvíli. Šeptá božská tajemství, otevírá vaše „třetí oko", uvolňuje sílu v páteři – a pak **vás zotročuje v mukách**.

Je to **Kundalini**.

Hadí **duch**.

Falešný „svatý duch" New Age.

Jakmile je tato síla aktivována – prostřednictvím jógy, meditace, psychedelik, traumatu nebo okultních rituálů –, stočí se na spodní části páteře a stoupá jako oheň skrze čakry. Mnozí věří, že se jedná o duchovní probuzení. Ve skutečnosti se jedná o **démonické posednutí** maskované jako božská energie.

Ale co se stane, když to **nezmizí**?

Skutečný příběh – „Nemůžu to vypnout"

Marissa, mladá křesťanka z Kanady, se předtím, než oddala svůj život Kristu, věnovala „křesťanské józe". Milovala pocity klidu, vibrace a světelné vize. Ale po jednom intenzivním sezení, kdy cítila, jak se jí „vznítí" páteř, ztratila vědomí – a probudila se neschopná dýchat. Té noci **ji něco začalo trápit ve spánku**, kroutit jí tělem, ve snech se jí zjevovat jako „Ježíš" – ale zároveň se jí posmívat.

se jí dostalo **vysvobození**. Duchové odcházeli – ale vraceli se. Její páteř se stále chvěla. Její oči neustále viděly do duchovní říše. Její tělo se mimovolně pohybovalo. Navzdory spáse nyní procházela peklem, kterému jen málo křesťanů rozumělo. Její duch byl zachráněn – ale její duše byla **znesvěcena, roztříštěna a roztříštěna**.

Důsledky, o kterých nikdo nemluví

- **Třetí oko zůstává otevřené** : Neustálé vize, halucinace, duchovní hluk, „andělé" lžoucí.
- **Tělo nepřestává vibrovat** : Nekontrolovatelná energie, tlak v lebce, bušení srdce.
- **Neúprosná muka** : I po 10 a více sezeních vysvobození.
- **Izolace** : Pastoři to nechápou. Církve problém ignorují. Osoba je označena za „nestabilní".
- **Strach z pekla** : Ne kvůli hříchu, ale kvůli mukám, která nechtějí skončit.

Mohou křesťané dosáhnout bodu, odkud není návratu?

Ano – v tomto životě. Můžete být **spaseni** , ale tak roztříštěni, že **vaše duše bude v mukách až do smrti** .

Tohle není šíření strachu. Tohle je **prorocké varování** .

Globální příklady

- **Afrika** – Falešní proroci uvolňují oheň Kundalini během bohoslužeb – lidé se křečí, pění, smějí se nebo řvou.
- **Asie** – Mistři jógy stoupající do „siddhi" (démonické posedlosti) a nazývající to vědomím boha .
- **Evropa/Severní Amerika** – Neocharismatická hnutí usměrňující „říše slávy", štěkající, smájící se, nekontrolovatelně padající – ne od Boha.
- **Latinská Amerika** – Šamanské probuzení s využitím ayahuascy (rostlinných drog) k otevření duchovních dveří, které nemohou zavřít.

AKČNÍ PLÁN – POKUD jste zašli příliš daleko

1. **Přiznejte si přesný portál**: Kundalini jóga, meditace třetího oka, církve new age, psychedelika atd.
2. **Přestaňte s veškerým honbou za vysvobozením**: Někteří duchové vás trápí déle, když je stále posilujete strachem.
3. **se zakotvujte v Písmu** – zejména v Žalmu 119, Izajáši 61 a Janovi 1. Ty obnovují duši.
4. **Odeslat do komunity**: Najděte alespoň jednoho věřícího naplněného Duchem svatým, se kterým můžete chodit. Izolace posiluje démony.
5. **Zřekněte se veškerého duchovního „zraku", ohně, poznání, energie** – i když se to jeví jako svaté.
6. **Proste Boha o milost** – Ne jednou. Denně. Každou hodinu. Vytrvejte. Bůh to možná neodstraní okamžitě, ale ponese vás.

SKUPINOVÁ ŽÁDOST

- Věnujte chvíli tiché reflexe. Zeptejte se: Usiloval jsem o duchovní moc spíše než o duchovní čistotu?
- Modlete se za ty, kteří trpí neustálým trápením. NESLIBUJTE okamžitou svobodu – slibte **učednictví**.
- Učte rozdíl mezi **ovocem Ducha** (Galatským 5:22–23) a **duševními projevy** (třesení, horkost, vidění).
- Spalte nebo zničte všechny předměty nové doby: symboly čaker, krystaly, podložky na jógu, knihy, oleje, „Ježíšovy karty".

Klíčový poznatek
Existuje **hranice**, kterou lze překročit – když se duše stane otevřenou branou a odmítá se zavřít. Váš duch může být spasen... ale vaše duše a tělo mohou stále žít v mukách, pokud jste byli poskvrněni okultním světlem.

Reflexní deník

- Usiloval jsem někdy o moc, oheň nebo prorocký zrak více než o svatost a pravdu?
- Otevřel jsem dveře skrze „křesťanštěné" praktiky New Age?
- Jsem ochoten **denně chodit** s Bohem, i když úplné vysvobození bude trvat roky?

Modlitba za přežití
Otče, volám o slitování. Zříkám se každého hadího ducha, síly Kundalini, otevření třetího oka, falešného ohně nebo padělku New Age, kterých jsem se kdy dotkl. Odevzdávám svou duši – ať už je zlomená – zpět Tobě. Ježíši, zachraň mě nejen od hříchu, ale i od trápení. Zapékej mé brány. Uzdrav mou mysl. Zavři mé oči. Rozdrť hada v mé páteři. Čekám na Tebe, i v bolesti. A nevzdám se. Ve jménu Ježíše. Amen.

DEN 33: HADIČÍ DUCH UVNITŘ — KDYŽ VYSVOBOZENÍ PŘICHÁZÍ PŘÍLIŠ POZDĚ

„**M**ají oči plné cizoložství… svádějí nestálé duše… jdou cestou Balaáma… pro kterého je navěky připravena temnota." — 2. Petrův 2:14–17
„Nenechte se oklamat, Bohu se nelze posmívat. Co člověk zaseje, to i sklidí." — Galatským 6:7

Existuje démonická napodobenina, která se vydává za osvícení. Léčí, dodává energii, posiluje – ale jen na chvíli. Šeptá božská tajemství, otevírá vaše „třetí oko", uvolňuje sílu v páteři – a pak **vás zotročuje v mukách**.

Je to **Kundalini**.

Hadí **duch**.

Falešný „svatý duch" New Age.

Jakmile je tato síla aktivována – prostřednictvím jógy, meditace, psychedelik, traumatu nebo okultních rituálů –, stočí se na spodní části páteře a stoupá jako oheň skrze čakry. Mnozí věří, že se jedná o duchovní probuzení. Ve skutečnosti se jedná o **démonické posednutí** maskované jako božská energie.

Ale co se stane, když to **nezmizí**?

Skutečný příběh – „Nemůžu to vypnout"

Marissa, mladá křesťanka z Kanady, se předtím, než oddala svůj život Kristu, věnovala „křesťanské józe". Milovala pocity klidu, vibrace a světelné vize. Ale po jednom intenzivním sezení, kdy cítila, jak se jí „vznítí" páteř, ztratila vědomí – a probudila se neschopná dýchat. Té noci **ji něco začalo trápit ve spánku**, kroutit jí tělem, ve snech se jí zjevovat jako „Ježíš" – ale zároveň se jí posmívat.

se jí dostalo **vysvobození**. Duchové odcházeli – ale vraceli se. Její páteř se stále chvěla. Její oči neustále viděly do duchovní říše. Její tělo se mimovolně pohybovalo. Navzdory spáse nyní procházela peklem, kterému jen málo křesťanů rozumělo. Její duch byl zachráněn – ale její duše byla **znesvěcena, roztříštěna a roztříštěna**.

Důsledky, o kterých nikdo nemluví

- **Třetí oko zůstává otevřené** : Neustálé vize, halucinace, duchovní hluk, „andělé" lžoucí.
- **Tělo nepřestává vibrovat** : Nekontrolovatelná energie, tlak v lebce, bušení srdce.
- **Neúprosná muka** : I po 10 a více sezeních vysvobození.
- **Izolace** : Pastoři to nechápou. Církve problém ignorují. Osoba je označena za „nestabilní".
- **Strach z pekla** : Ne kvůli hříchu, ale kvůli mukám, která nechtějí skončit.

Mohou křesťané dosáhnout bodu, odkud není návratu?
Ano – v tomto životě. Můžete být **spaseni** , ale tak roztříštěni, že **vaše duše bude v mukách až do smrti** .
Tohle není šíření strachu. Tohle je **prorocké varování** .

Globální příklady

- **Afrika** – Falešní proroci uvolňují oheň Kundalini během bohoslužeb – lidé se křečí, pění, smějí se nebo řvou.
- **Asie** – Mistři jógy stoupající do „siddhi" (démonické posedlosti) a nazývající to vědomím boha .
- **Evropa/Severní Amerika** – Neocharismatická hnutí usměrňující „říše slávy", štěkající, smájící se, nekontrolovatelně padající – ne od Boha.
- **Latinská Amerika** – Šamanské probuzení s využitím ayahuascy (rostlinných drog) k otevření duchovních dveří, které nemohou zavřít.

Akční plán – Pokud jste zašli příliš daleko

1. **Přiznejte si přesný portál** : Kundalini jóga, meditace třetího oka, církve new age, psychedelika atd.

2. **Přestaňte s veškerým honbou za vysvobozením** : Někteří duchové vás trápí déle, když je stále posilujete strachem.
3. **se zakotvujte v Písmu** – zejména v Žalmu 119, Izajáši 61 a Janovi 1. Ty obnovují duši.
4. **Odeslat do komunity** : Najděte alespoň jednoho věřícího naplněného Duchem svatým, se kterým můžete chodit. Izolace posiluje démony.
5. **Zřekněte se veškerého duchovního „zraku", ohně, poznání, energie** – i když se to jeví jako svaté.
6. **Proste Boha o milost** – Ne jednou. Denně. Každou hodinu. Vytrvejte. Bůh to možná neodstraní okamžitě, ale ponese vás.

Skupinová žádost

- Věnujte chvíli tiché reflexe. Zeptejte se: Usiloval jsem o duchovní moc spíše než o duchovní čistotu?
- Modlete se za ty, kteří trpí neustálým trápením. NESLIBUJTE okamžitou svobodu – slibte **učednictví** .
- Učte rozdíl mezi **ovocem Ducha** (Galatským 5:22–23) a **duševními projevy** (třesení, horkost, vidění).
- Spalte nebo zničte všechny předměty nové doby: symboly čaker, krystaly, podložky na jógu, knihy, oleje, „Ježíšovy karty".

Klíčový poznatek

Existuje **hranice**, kterou lze překročit – když se duše stane otevřenou branou a odmítá se zavřít. Váš duch může být spasen… ale vaše duše a tělo mohou stále žít v mukách, pokud jste byli poskvrněni okultním světlem.

Reflexní deník

- Usiloval jsem někdy o moc, oheň nebo prorocký zrak více než o svatost a pravdu?
- Otevřel jsem dveře skrze „křesťanštěné" praktiky New Age?
- Jsem ochoten **denně chodit** s Bohem, i když úplné vysvobození bude trvat roky?

Modlitba za přežití

Otče, volám o slitování. Zříkám se každého hadího ducha, síly Kundalini, otevření třetího oka, falešného ohně nebo padělku New Age, kterých jsem se kdy dotkl. Odevzdávám svou duši – ať už je zlomená – zpět Tobě. Ježíši, zachraň mě nejen od hříchu, ale i od trápení. Zapékej mé brány. Uzdrav mou mysl. Zavři mé oči. Rozdrť hada v mé páteři. Čekám na Tebe, i v bolesti. A nevzdám se. Ve jménu Ježíše. Amen.

DEN 34: ZEDNÁŘI, KÓDY A KLETBY —
Když se bratrství stane otroctvím

„**N***emějte účast na neplodných skutcích tmy, ale raději je odhalujte.*" — Efezským 5:11

„*Neuzavřeš s nimi smlouvu ani s jejich bohy.*" — Exodus 23:32

Tajné společnosti slibují úspěch, spojení a starodávnou moudrost. Nabízejí **přísahy, tituly a tajemství** předávaná „pro dobré muže". Co si ale většina lidí neuvědomuje, je: tyto společnosti jsou **oltářem smluv**, často postavené na krvi, podvodu a démonické věrnosti.

Od zednářství po kabalu, od rosikruciánů po Skull & Bones – tyto organizace nejsou jen kluby. Jsou to **duchovní smlouvy**, uzavřené v temnotě a zpečetěné rituály, které **proklínají generace**.

Někteří se přidali dobrovolně. Jiní měli předky, kteří se k nim přidali.

Ať tak či onak, kletba přetrvává – dokud nebude zlomena.

Skryté dědictví — Jasonův příběh

Jason, úspěšný bankéř v USA, měl všechno, co se mu dařilo – krásnou rodinu, bohatství a vliv. Ale v noci se budil a dusil se, viděl postavy v kápích a ve snech slyšel zaříkávání. Jeho dědeček byl zednář 33. stupně a Jason stále nosil prsten.

Jednou na klubové akci žertem pronesl zednářské sliby – ale v okamžiku, kdy to udělal, **do něj něco vstoupilo**. Jeho mysl se začala hroutit. Slyšel hlasy. Jeho žena ho opustila. Snažil se to všechno ukončit.

Na duchovních cvičeních někdo rozpoznal zednářské spojení. Iásón se rozplakal, když **se zřekl všech přísah**, zlomil prsten a na tři hodiny podstoupil osvobození. Té noci poprvé po letech klidně spal.

Jeho svědectví?

„*S tajnými oltáři se nežertuje. Mluví – dokud je nezavřete ve jménu Ježíše.*"

GLOBÁLNÍ SÍŤ BRATRSTVA

- **Evropa** – Zednářství hluboce zakořeněné v obchodě, politice a církevních denominacích.
- **Afrika** – Iluminati a tajné řády nabízející bohatství výměnou za duše; kulty na univerzitách.
- **Latinská Amerika** – infiltrace jezuitů a zednářské obřady smíchané s katolickou mystikou.
- **Asie** – Starověké mystérijní školy, chrámové kněžství vázané generačními přísahami.
- **Severní Amerika** – Eastern Star, Scottish Rite, bratrstva jako Skull & Bones, elity Bohemian Grove.

Tyto kulty často vzývají „Boha", ale ne **Boha z Bible** – odkazují na **Velkého architekta**, neosobní sílu spojenou s **luciferským světlem**.

Známky, že jste postiženi

- Chronické onemocnění, které lékaři neumí vysvětlit.
- Strach z postupu nebo strach z vytržení z rodinného systému.
- Sny o róbách, rituálech, tajných dveřích, lóžích nebo podivných obřadech.
- Deprese nebo šílenství v mužské linii.
- Ženy bojující s neplodností, zneužíváním nebo strachem.

Akční plán pro vyslání

1. **Zřekněte se všech známých přísah** – zejména pokud jste vy nebo vaše rodina byli členy zednářství, rosikruciánů, hnutí Eastern Star, kabaly nebo jakéhokoli „bratrstva".
2. **Zdolejte každý stupeň** – od zařazeného učedníka až po 33. stupeň, jménem.
3. **Zničte všechny symboly** – prsteny, zástěry, knihy, přívěsky, certifikáty atd.

4. **Zavřete bránu** – duchovně i právně skrze modlitbu a prohlášení.

Použijte tyto verše z Písma:

- Izajáš 28:18 — „Vaše smlouva se smrtí bude zrušena."
- Galatským 3:13 — „Kristus nás vykoupil z kletby zákona."
- Ezechiel 13:20–23 — „Roztrhnu tvé závoje a osvobodím svůj lid."

Skupinová žádost

- Zeptejte se, zda měl některý člen rodiče nebo prarodiče v tajných společnostech.
- Veďte **řízené odříkání** všemi stupni zednářství (můžete si k tomu vytvořit tištěný scénář).
- Používejte symbolické úkony – spalte starý prsten nebo nakreslete kříž přes čelo, abyste zneplatnili „třetí oko" otevřené při rituálech.
- Modlete se za mysl, krk a záda – to jsou běžná místa spoutání.

Klíčový poznatek
Bratrství bez Kristovy krve je bratrstvím otroctví.
Musíte si vybrat: smlouvu s člověkem, nebo smlouvu s Bohem.
Reflexní deník

- Byl někdo z mé rodiny zapojen do zednářství, mystiky nebo tajných přísah?
- Recitoval/a jsem nebo napodoboval/a nevědomky sliby, vyznání víry nebo symboly spojené s tajnými společnostmi?
- Jsem ochoten porušit rodinné tradice, abych plně žil v Boží smlouvě?

Modlitba odříkání
Otče, ve jménu Ježíše se zříkám každé smlouvy, přísahy nebo rituálu spojeného se zednářstvím, kabalou nebo jakoukoli tajnou společností – v mém životě nebo pokrevní linii. Porušuji každý stupeň, každou lež, každé démonické právo, které bylo uděleno skrze obřady nebo symboly.

Prohlašuji, že Ježíš Kristus je mé jediné Světlo, můj jediný Architekt a můj jediný Pán. Nyní přijímám svobodu ve jménu Ježíše. Amen.

DEN 35: ČARODĚJNICE V LAVICÍCH — KDYŽ ZLO VSTUPUJE DVEŘMI KOSTELNÍHO SYSTÉMU

„**N**eboť takoví lidé jsou falešní apoštolové, lstiví dělníci, kteří se vydávají za Kristovy apoštoly. A není divu, vždyť i satan se vydává za anděla světla." — 2. Korintským 11:13–14

„Znám tvé skutky, tvou lásku a tvou víru... Nicméně mám proti tobě: Snášíš tu ženu Jezábel, která si říká prorokyně..." — Zjevení 2:19–20

Nejnebezpečnější čarodějnice není ta, co létá v noci.

Je to ta, co **sedí vedle tebe v kostele**.

Nenosí černé róby ani nejezdí na košťatech.

Vedou modlitební shromáždění. Zpívají v chvalozpěvech. Prorokují v jazycích. Pastorují v církvích. A přesto... jsou **nositeli temnoty**.

Někteří přesně vědí, co dělají – jsou vysíláni jako duchovní vrazi.

Jiní jsou oběťmi čarodějnictví nebo vzpoury předků a operují s **nečistými dary**.

Církev jako zástěrka – příběh „Miriam"

Miriam byla oblíbenou duchovní vysvobození ve velké západoafrické církvi. Její hlas přikazoval démonům k útěku. Lidé cestovali napříč národy, aby se od ní nechali pomazat.

Ale Miriam měla tajemství: v noci cestovala ze svého těla. Viděla domy členů církve, jejich slabosti a jejich pokrevní linie. Myslela si, že je to „proroctví".

Její moc rostla. Ale s ní rostlo i její trápení.

Začala slyšet hlasy. Nemohla spát. Její děti byly napadeny. Její manžel ji opustil.

Nakonec se přiznala: jako dítě ji „aktivovala" její babička, mocná čarodějnice, která ji nutila spát pod prokletými přikrývkami.

„Myslel jsem si, že jsem naplněn Duchem svatým. Byl to duch... ale ne svatý."
Prošla si vysvobozením. Ale boj nikdy neskončil. Říká:
„Kdybych se nepřiznal, zemřel bych na oltáři v ohni... v kostele."

Globální situace skrytého čarodějnictví v církvi

- **Afrika** – Duchovní závist. Proroci používající věštění, rituály, vodní duchy. Mnoho oltářů je ve skutečnosti portály.
- **Evropa** – Média vydávající se za „duchovní kouče". Čarodějnictví zahalené do křesťanství nového věku.
- **Asie** – Chrámové kněžky vstupují do kostelů, aby zasévaly kletby a konvertovaly k astrálním monitorům.
- **Latinská Amerika** – Santería – praktikující „pastoři", kteří kážou vysvobození, ale v noci obětují kuřata.
- **Severní Amerika** – křesťanské čarodějnice prohlašující „Ježíše a tarot", energetičtí léčitelé na církevních pódiích a pastoři zapojení do zednářských obřadů.

Známky čarodějnictví působícího v církvi

- Těžká atmosféra nebo zmatek během bohoslužby.
- Sny o hadech, sexu nebo zvířatech po obřadech.
- Vedení se náhle dopustí hříchu nebo skandálu.
- „Proroctví", která manipulují, svádějí nebo zahanbují.
- Každý, kdo říká: „Bůh mi řekl, že jsi můj manžel/manželka."
- Podivné předměty nalezené poblíž kazatelny nebo oltářů.

AKČNÍ PLÁN PRO VYSLÁNÍ

1. **Modlete se za rozlišování** – Požádejte Ducha svatého, aby vám odhalil, zda se ve vašem společenství nenacházejí skryté čarodějnice.
2. **Zkoumejte každého ducha** – i když zní duchovně (1 Jan 4:1).
3. **Přerušte pouta duší** – Pokud se za vás někdo modlil, prorokoval vám nebo se vás dotkl někdo nečistý, **zřekněte se toho** .

4. **Modlete se za svou církev** – ohlašujte Boží oheň, aby odhalil každý skrytý oltář, tajný hřích a duchovní pijavici.
5. **Pokud jste obětí** – Vyhledejte pomoc. Nezůstávejte zticha ani sami.

Skupinová žádost

- Zeptejte se členů skupiny: Cítili jste se někdy během bohoslužby nepříjemně nebo jste byli duchovně zneužiti?
- Veďte **společnou očistnou modlitbu** za společenství.
- Pomažte každého člověka a vyhlaste **duchovní bariéru** kolem myslí, oltářů a darů.
- Naučte vedoucí, jak **prověřovat dary** a **testovat ducha,** než lidem dovolíte zastávat viditelné role.

Klíčový poznatek
Ne všichni, kdo říkají „Pane, Pane", jsou od Pána.
Církev je **hlavním bojištěm** duchovní kontaminace – ale také místem uzdravení, když je pravda zachována.

Reflexní deník

- Dostal jsem modlitby, rady nebo mentorství od někoho, jehož život přinesl nesvaté ovoce?
- Byly chvíle, kdy jsem se po bohoslužbě cítil/a „mimo", ale ignoroval/a jsem to?
- Jsem ochoten/ochotna čelit čarodějnictví, i když nosí oblek nebo zpívá na jevišti?

Modlitba za odhalení a svobodu
Pane Ježíši, děkuji Ti, že jsi pravé Světlo. Prosím Tě nyní, abys odhalil každého skrytého činitele temnoty, který působí v mém životě a společenství s mnou nebo kolem něj. Zříkám se každého nesvatého vnuknutí, falešného proroctví nebo pouta duše, které jsem přijal od duchovních podvodníků. Očisti mě svou krví. Očisti mé dary. Ochraň mé brány. Spal každého falešného ducha svým svatým ohněm. Ve jménu Ježíše. Amen.

DEN 36: KÓDOVANÁ KOUZLA — KDYŽ SE PÍSNĚ, MÓDA A FILMY STÁVAJÍ PORTÁLY

„**N**epodílejte se na neplodných skutcích tmy, ale raději je odhalujte." — Efezským 5:11

„Nezabývejte se bezbožnými bájemi a babskými pověstmi, ale raději se cvičte ve zbožnosti." — 1. Timoteovi 4:7

Ne každá bitva začíná krvavou obětí.

Některé začínají rytmem. Melodií.

Chytlavým textem, který se vám vryje do duše. Nebo **symbolem** na oblečení, o kterém jste si mysleli, že je „cool".

Nebo „neškodnou" show, kterou sledujete, zatímco se démoni usmívají ve stínech.

V dnešním hyperpropojeném světě je čarodějnictví **zakódované** – skryté na **očích** prostřednictvím médií, hudby, filmů a módy.

Ztmavený zvuk – skutečný příběh: „Sluchátka"

Sedmnáctiletý Elijah z USA začal mít záchvaty paniky, bezesné noci a démonické sny. Jeho křesťanští rodiče si mysleli, že je to stres.

Ale během sezení s vysvobozením Duch svatý nařídil týmu, aby se ho zeptali na jeho **hudbu**.

Přiznal: „Poslouchám trap metal. Vím, že je temný... ale pomáhá mi cítit se silný."

Když tým v modlitbě zahrál jednu z jeho oblíbených písní, došlo k **manifestaci**.

Rytmy byly kódovány **skandálními stopami** z okultních rituálů. Zpětné maskování odhalovalo fráze jako „odevzdej svou duši" a „Lucifer mluví".

Jakmile Elijah smazal hudbu, činil pokání a zřekl se spojení, vrátil se mír.

Válka vstoupila branou jeho **uší**.

Globální programovací vzory

- **Afrika** – afrobeatové písně spojené s peněžními rituály; odkazy na „džúdžu" skryté v textech; módní značky se symboly mořské říše.
- **Asie** – K-pop s podprahovými sexuálními a duchovními poselstvími; anime postavy prodchnuté šintoistickou tradicí o démonech.
- **Latinská Amerika** – Reggaeton prosazuje santería chorály a zpětně kódovaná kouzla.
- **Evropa** – Módní domy (Gucci, Balenciaga) zavádějí satanské symboly a rituály do kultury přehlídkových mol.
- **Severní Amerika** – hollywoodské filmy s čarodějnickým kódem (Marvel, horory, filmy o „světle vs. tmě"); kreslené filmy využívající čarodějnictví jako zábavu.

Common Entry Portals (and Their Spirit Assignments)

Media Type	Portal	Demonic Assignment
Music	Beats/samples from rituals	Torment, violence, rebellion
TV Series	Magic, lust, murder glorification	Desensitization, soul dulling
Fashion	Symbols (serpent, eye, goat, triangles)	Identity confusion, spiritual binding
Video Games	Sorcery, blood rites, avatars	Astral transfer, addiction, occult alignment
Social Media	Trends on "manifestation," crystals, spells	Sorcery normalization

AKČNÍ PLÁN – ROZLIŠOVAT, Detoxikovat, Bránit

1. **Projděte si svůj playlist, šatník a historii sledování**. Hledejte

okultní, chlípný, vzpurný nebo násilný obsah.
2. **Proste Ducha svatého, aby odhalil** každý nesvatý vliv.
3. **Smažte a zničte**. Neprodávejte ani nedarujte. Spalte nebo vyhoďte do koše cokoli démonického – fyzického nebo digitálního.
4. **Pomažte si své přístroje**, pokoj a uši. Prohlaste je za posvěcené k Boží slávě.
5. **Nahraďte pravdou**: Uctívejte hudbu, zbožné filmy, knihy a čtení z Písma, které obnovují vaši mysl.

Skupinová žádost

- Veďte členy k vytvoření „mediálního inventáře". Nechte každého, aby si zapsal pořady, písně nebo věci, o kterých má podezření, že by mohly být portály.
- Modlete se přes telefony a sluchátka. Pomažte je.
- Dopřejte si skupinový „detoxikační půst" – 3 až 7 dní bez světských médií. Živte se pouze Božím slovem, uctíváním a společenstvím.
- Výsledky sdělte na příští schůzi.

Klíčový poznatek
Démoni už nepotřebují svatyni, aby vstoupili do vašeho domu. Stačí jim jen váš souhlas se stisknutím tlačítka přehrávání.

Reflexní deník

- Co jsem viděl, slyšel nebo měl na sobě, co by mohlo být otevřenými dveřmi k útlaku?
- Jsem ochoten vzdát se toho, co mě baví, když mě to zároveň zotročuje?
- Normalizoval jsem vzpouru, chtíč, násilí nebo výsměch ve jménu „umění"?

MODLITBA ZA OČISTU

Pane Ježíši, přicházím před Tebe a žádám Tě o úplnou duchovní detoxikaci. Odhal každé zakódované kouzlo, které jsem do svého života vpustil skrze hudbu, módu, hry nebo média. Činím pokání ze sledování, nošení a poslouchání toho, co Tě zneuctívá. Dnes přerušuji pouta duše. Vyháním každého ducha vzpoury, čarodějnictví, chtíče, zmatku nebo mučení. Očisti mé oči, uši a srdce. Nyní zasvěcuji své tělo, média a volby pouze Tobě. Ve jménu Ježíše. Amen.

DEN 37: NEVIDITELNÉ OLTÁŘE MOCI — SVOBODNÍ ZEDNÁŘI, KABALA A OKULTNÍ ELITY

„*Ďábel ho znovu vzal na velmi vysokou horu a ukázal mu všechna království světa i jejich slávu. ,To všechno ti dám, když se mi pokloníš a budeš se mi klanět.'"* — Matouš 4:8–9

„*Nemůžete pít kalich Páně i kalich démonů; nemůžete mít podíl na stole Páně i na stole démonů."* — 1. Korintským 10:21

Oltáře nejsou ukryty v jeskyních, ale v zasedacích místnostech.

Duchové nejen v džunglích – ale i ve vládních budovách, finančních věžích, knihovnách Ivy League a svatyních maskovaných jako „kostely".

Vítejte v říši **elitního okultismu** :

zednářů, rosikruciánů , kabalistů , jezuitských řádů, hnutí Eastern Stars a skrytých luciferiánských kněží, kteří **svou oddanost Satanovi maskují rituály, tajemstvím a symboly** . Jejich bohy jsou rozum, moc a starodávné znalosti – ale jejich **duše jsou zasvěceny temnotě** .

Skryté na očích

- **Zednářství** se maskuje jako bratrstvo stavitelů – přesto jeho vyšší stupně vzývají démonické entity, skládají přísahy smrti a vyvyšují Lucifera jako „nositele světla".
- **Kabala** slibuje mystický přístup k Bohu – ale nenápadně nahrazuje Jahveho mapami kosmické energie a numerologií.
- **Jezuitský mysticismus** ve svých zkažených podobách často mísí katolické obrazy s duchovní manipulací a kontrolou světových systémů.
- **Hollywood, móda, finance a politika** nesou kódované zprávy, symboly a **veřejné rituály, které jsou ve skutečnosti uctíváním**

Lucifera.

Nemusíte být celebritou, abyste byli ovlivněni. Tyto systémy **znečišťují národy** prostřednictvím:

- Mediální programování
- Vzdělávací systémy
- Náboženský kompromis
- Finanční závislost
- Rituály maskované jako „iniciace", „sliby" nebo „dohody se značkou"

Pravdivý příběh – „Lóže zničila můj rod"

Solomon (jméno změněno), úspěšný obchodní magnát z Velké Británie, se kvůli navazování kontaktů připojil k zednářské lóži. Rychle se vzchopil, získal bohatství a prestiž. Začal však mít také děsivé noční můry – muži v pláštích ho vyvolávali, krevní přísahy, pronásledovali ho temná zvířata. Jeho dcera se začala řezat a tvrdila, že ji k tomu donutila „přítomnost".

Jednou v noci uviděl ve svém pokoji muže – napůl člověka, napůl šakala – který mu řekl: *„Jsi můj. Cena byla zaplacena."* Obrátil se na službu osvobození. Trvalo **sedm měsíců odříkání, půstu, rituálů zvracení a nahrazení všech okultních pout** – než nastal mír.

Později zjistil: **Jeho dědeček byl zednář 33. stupně. Pouze nevědomky pokračoval v odkazu.**

Globální dosah

- **Afrika** – Tajné společnosti mezi kmenovými vládci, soudci, pastory – přísahající věrnost krevními přísahami výměnou za moc.
- **Evropa** – Maltézští rytíři, iluminati a elitní esoterické univerzity.
- **Severní Amerika** – Zednářské základy pod většinou zakládajících dokumentů, soudních struktur a dokonce i církví.
- **Asie** – Skryté kulty draků, řády předků a politické skupiny zakořeněné v hybridech buddhismu a šamanismu.
- **Latinská Amerika** – Synkretické kulty mísící katolické svaté s luciferiánskými duchy, jako je Santa Muerte nebo Baphomet.

Akční plán – Útěk z elitních oltářů

1. **Zřekněte se** jakéhokoli zapojení do zednářství, Eastern Star, jezuitských přísah, gnostických knih nebo mystických systémů – a to i „akademického" studia takových systémů.
2. **Zničte** oděvní klenoty, prsteny, pinzety, knihy, zástěry, fotografie a symboly.
3. **Porušte slovní kletby** – zejména přísahy smrti a iniciační sliby. Použijte Izajáše 28:18 („Tvá smlouva se smrtí bude zrušena...").
4. **Postete se 3 dny** a čtete Ezechiela 8, Izajáše 47 a Zjevení 17.
5. **Nahraďte oltář** : Znovu se zasvěťte pouze Kristovu oltáři (Římanům 12:1–2). Přijímání. Uctívání. Pomazání.

Nemůžete být zároveň v nebeských dvorech a v dvorech Lucifera. Vyberte si svůj oltář.

Skupinová žádost

- Zmapujte si běžné elitní organizace ve vašem regionu – a modlete se přímo proti jejich duchovnímu vlivu.
- Uspořádejte setkání, kde se členové mohou důvěrně přiznat, zda byly jejich rodiny zapojeny do zednářství nebo podobných kultů.
- Přineste olej a přijímání – veďte hromadné zřeknutí se přísah, rituálů a pečetí učiněných v tajnosti.
- Zlomte hrdost – připomeňte skupině: **Žádný přístup nemá cenu vaší duše.**

Klíčový poznatek

Tajné společnosti slibují světlo. Ale pouze Ježíš je světlem světa. Každý jiný oltář vyžaduje krev – ale nemůže zachránit.

Reflexní deník

- Byl někdo z mé krve zapojen do tajných společností nebo „řádů"?
- Četl jsem nebo vlastnil okultní knihy maskované jako akademické texty?
- Jaké symboly (pentagramy, vševidoucí oči, slunce, hadi, pyramidy)

jsou skryty v mém oblečení, umění nebo špercích?

Modlitba odříkání

Otče, zříkám se každé tajné společnosti, lóže, přísahy, rituálu nebo oltáře, které nejsou založeny na Ježíši Kristu. Porušuji smlouvy svých otců, svou pokrevní linii i svá vlastní ústa. Odmítám zednářství, kabalu, mysticismus a každou skrytou smlouvu uzavřenou pro moc. Ničím každý symbol, každou pečeť a každou lež, která slibovala světlo, ale přinášela otroctví. Ježíši, znovu Tě dosazuji na trůn jako svého jediného Mistra. Rozsviť svým světlem každé tajné místo. Ve Tvém jménu kráčím svobodně. Amen.

DEN 38: SMLOUVY V LÉCE A VODNÍ ŘÍŠE – KDYŽ JE OSUD ZNEČIŠTĚN PŘED NAROZENÍM

„**B**ezbožní jsou odcizeni již od lůna, bloudí hned po narození a mluví lži." — Žalm 58:3

„Dříve než jsem tě utvořil v lůně, znal jsem tě, dříve než jsi vyšel z narození, jsem tě oddělil..." — Jeremiáš 1:5

Co kdyby bitvy, které sváděte, nezačaly vašimi rozhodnutími – ale vaším pojetím?

Co kdyby tvé jméno bylo vysloveno na temných místech, když jsi byl ještě v děloze?

Co kdyby **byla vaše identita vyměněna**, váš **osud prodán** a vaše **duše poznamenána** – ještě předtím, než jste se poprvé nadechli?

Toto je realita **podvodní iniciace**, smluv mořských duchů a okultních **nároků na lůno**, které **spojují generace**, zejména v oblastech s hlubokými rodovými a pobřežními rituály.

Vodní království – Satanův trůn dole

V neviditelné říši Satan vládne **nejen vzduchu**. Ovládá také **mořský svět** – rozsáhlou démonickou síť duchů, oltářů a rituálů pod oceány, řekami a jezery.

Mořští duchové (běžně nazývaní *Mami Wata*, *Královna pobřeží*, *duchovní manželky/manželé* atd.) jsou zodpovědní za:

- Předčasná smrt
- Neplodnost a potraty
- Sexuální otroctví a sny
- Duševní trápení
- Potíže u novorozenců
- Vzorce vzestupů a pádů podniků

Ale jak si tito duchové získají **právní půdu pod nohama** ?
V děloze.
Neviditelné iniciace před narozením

- **Zasvěcení předkům** – Dítě „zaslíbené" božstvu, pokud se narodí zdravé.
- **Okultní kněžky** dotýkající se dělohy během těhotenství.
- **Jména úmluv** daná rodinou – nevědomky na počest mořských královen nebo duchů.
- **Porodní rituály** prováděné s říční vodou, amulety nebo bylinkami ze svatyní.
- **Pohřeb pupeční šňůry** s zaříkáváním.
- **Těhotenství v okultním prostředí** (např. zednářské lóže, centra new age, polygamní kulty).

Některé děti se rodí již zotročené. Proto při narození prudce křičí – jejich duch cítí tmu.

Skutečný příběh – „Moje dítě patřilo řece"

Jessica ze Sierry Leone se pět let snažila otěhotnět. Nakonec otěhotněla poté, co jí „prorok" dal mýdlo na koupel a olej na vtírání do dělohy. Dítě se narodilo silné – ale ve třech měsících začalo nepřetržitě plakat, vždy v noci. Nesnášelo vodu, při koupání křičelo a nekontrolovatelně se třáslo, když ho někdo vzal k řece.

Jednoho dne se její syn zmítal a na 4 minuty zemřel. Probral se k životu – a **v 9 měsících začal mluvit plnými slovy** : „Nepatřím sem. Patřím královně."

Vyděšená Jessica hledala vysvobození. Dítě bylo propuštěno až po 14 dnech půstu a modliteb za odříkání – její manžel musel zničit rodinnou modlu ukrytou ve vesnici, než muka ustala.

Miminka se nerodí s prázdnou hlavou. Rodí se do bitev, které musíme za ně bojovat.

GLOBÁLNÍ PARALELY

- **Afrika** – říční oltáře, zasvěcení Mami Wata, rituály placenty.
- **Asie** – Vodní duchové vzýváni během buddhistických nebo animistických porodů.
- **Evropa** – smlouvy druidských porodních bab, vodní rituály předků, zednářské zasvěcení.
- **Latinská Amerika** – pojmenování Santeria, duchové řek (např. Oshun), narození podle astrologických horoskopů.
- **Severní Amerika** – Porodní rituály New Age, hypnoporod s duchovními průvodci, „požehnání" prováděná médii.

Známky otroctví iniciovaného v děloze

- Opakující se vzorce potratů napříč generacemi
- Noční děsy u kojenců a dětí
- Nevysvětlitelná neplodnost navzdory lékařskému schválení
- Neustálé sny o vodě (oceány, povodně, plavání, mořské panny)
- Iracionální strach z vody nebo utonutí
- Pocit „nároku" – jako by se na vás něco dívalo od narození

Akční plán – Zlomte úmluvu lůna

1. **Požádejte Ducha svatého,** aby vám zjevil, zda jste vy (nebo vaše dítě) byli zasvěceni skrze rituály v děloze.
2. **Zřekněte se** jakékoli smlouvy uzavřené během těhotenství – vědomě či nevědomě.
3. **Modlete se za svůj vlastní příběh zrození** – i když vaše matka není k dispozici, promlouvejte jako zákonný duchovní strážce svého života.
4. **Postěte se s Izajášem 49 a Žalmem 139** – abyste znovu získali svůj božský plán.
5. **Pokud jste těhotná**: Pomažte si bříško a denně si promlouvejte nad svým nenarozeným dítětem:

„Jste odděleni pro Pána. Žádný duch vody, krve ani temnoty vás nevlastní. Patříte Ježíši Kristu – tělem, duší i duchem."

Skupinová žádost

- Požádejte účastníky, aby si zapsali, co vědí o svém porodu – včetně rituálů, porodních báb nebo pojmenování.
- Povzbuďte rodiče, aby znovu zasvětili své děti v „Kristocentrické bohoslužbě pojmenování a smlouvy".
- Veďte modlitby za porušení vodních smluv s využitím *Izajáše 28:18*, *Koloským 2:14* a *Zjevení 12:11*.

Klíčový poznatek

Děloha je brána – a to, co jí projde, často vchází s duchovní zátěží. Žádný oltář v děloze však není větší než kříž.

Reflexní deník

- Byly s mým početím nebo narozením spojeny nějaké předměty, oleje, amulety nebo jména?
- Zažívám duchovní útoky, které začaly v dětství?
- Předal jsem nevědomky mořské smlouvy svým dětem?

Modlitba za osvobození

Nebeský Otče, znal jsi mě dříve, než jsem byl stvořen. Dnes porušuji každou skrytou smlouvu, vodní rituál a démonické zasvěcení učiněné při mém narození nebo před ním. Odmítám každé tvrzení o mořských duchech, duchovních přízracích nebo generačních oltářích v děloze. Nechť Ježíšova krev přepíše příběh mého narození a příběh mých dětí. Narodil jsem se z Ducha – ne z vodních oltářů. Ve jménu Ježíše. Amen.

DEN 39: KŘEST VODOU DO OTROCTVA — JAK NĚMUCÍ, INICIÁLY A NEVIDITELNÉ SMLOUVY OTEVÍRAJÍ DVEŘE

„*Prolévali nevinnou krev, krev svých synů a dcer, které obětovali kanaánským modlám, a země byla znesvěcena jejich krví.*" — Žalm 106:38

„*Lze vzít kořist od hrdinů, nebo vysvobodit zajatce z dravých?" Ale toto praví Hospodin: „Ano, zajatci budou vzati od hrdinů a kořist získána z dravých...*" — Izajáš 49:24–25

Mnoho osudů nebylo jen **zmařeno v dospělosti** – byly **uneseny v dětství**. Ten zdánlivě nevinný obřad pojmenování...

Ten ležérní ponoření do říční vody „k požehnání dítěti"...

Mince v ruce... Řezná rána pod jazykem... Olej od „duchovní babičky"... Dokonce i iniciály dané při narození...

Všechny se mohou zdát kulturní. Tradiční. Neškodné.

Ale království temnoty **se skrývá v tradici** a mnoho dětí bylo **tajně zasvěceno** dříve, než vůbec dokázaly říct „Ježíš".

Skutečný příběh – „Řeka mi dala jméno"

Na Haiti vyrůstal chlapec jménem Malick s podivným strachem z řek a bouří. Jako batole ho babička vzala k potoku, aby ho „seznámila s duchy" a ochránila ho. V sedmi letech začal slyšet hlasy. V deseti letech míval noční návštěvy. Ve čtrnácti letech se pokusil o sebevraždu poté, co cítil neustálou „přítomnost" po svém boku.

Na shromáždění za osvobození se démoni zjevili násilně a křičeli: „Vstoupili jsme k řece! Byli jsme povoláni jménem!" Jeho jméno „Malick" bylo součástí duchovní tradice pojmenování na „ctění královny řeky". Dokud nebyl přejmenován v Kristu, mučení pokračovala. Nyní slouží osvobozením mezi mladými lidmi uvězněnými v zasvěcení předkům.

Jak se to děje – Skryté pasti

1. **Iniciály jako smlouvy**
   Některé iniciály, zejména ty, které jsou vázány na jména předků, rodinné bohy nebo vodní božstva (např. „MM" = Mami/Marine; „OL" = Oya/Orisha Lineage), fungují jako démonické podpisy.
2. **Koupě kojenců v řekách/potocích.**
   Provádí se „pro ochranu" nebo „očištění" a často se jedná **o křty do mořských duchů**.
3. **Tajné obřady pojmenování,**
   při kterých se před oltářem nebo svatyní zašeptá nebo vysloví jiné jméno (odlišné od veřejného).
4. **Rituály s mateřskými znaménky**
   Oleje, popel nebo krev umístěné na čelo nebo končetiny, aby se dítě „označilo" pro duchy.
5. **Pohřby pupeční šňůry s vodou**
   Pupeční šňůry vhazované do řek, potoků nebo pohřbívané s vodními zaříkáváními – dítě se přivazovalo k vodním oltářům.

Pokud tě tvoji rodiče nezavázali ke Kristu, je pravděpodobné, že si tě nárokuje někdo jiný.

Globální okultní praktiky spojování lůna

- **Afrika** – Pojmenování dětí po říčních božstvech, zakopávání šňůr poblíž mořských oltářů.
- **Karibik/Latinská Amerika** – křestní rituály v santerii, zasvěcení ve stylu jorubštiny s bylinkami a říčními předměty.
- **Asie** – hinduistické rituály zahrnující vodu z Gangy, astrologicky vypočítané pojmenování vázané na elementární duchy.
- **Evropa** – Druidské nebo ezoterické pojmenovací tradice vzývající strážce lesů/vody.
- **Severní Amerika** – rituální zasvěcení domorodců, moderní

wiccanské požehnání miminek, new age obřady pojmenování vzývající „starodávné průvodce".

Jak to vím?

- Nevysvětlitelné trápení, nemoci nebo „imaginární přátelé" v raném dětství
- Sny o řekách, mořských pannách, pronásledování vodou
- Averze k kostelům, ale fascinace mystickými věcmi
- Hluboký pocit „sledování" nebo sledování od narození
- Objevení druhého jména nebo neznámého obřadu spojeného s vaším dětstvím

Akční plán – Vykoupení nemluvenství

1. **Zeptejte se Ducha svatého** : Co se stalo, když jsem se narodil? Jaké duchovní ruce se mě dotkly?
2. **Zřekněte se všech skrytých zasvěcení**, i když jsou učiněna v nevědomosti: „Odmítám jakoukoli smlouvu uzavřenou za mě, která nebyla s Pánem Ježíšem Kristem."
3. **Přerušte vazby na jména předků, iniciály a symboly**.
4. **Použijte Izajáš 49:24–26, Koloským 2:14 a 2. Korintským 5:17** k prohlášení identity v Kristu.
5. V případě potřeby **uspořádejte obřad opětovného zasvěcení** – znovu se představte Bohu (nebo své děti) a v případě potřeby prohlaste nová jména.

SKUPINOVÁ ŽÁDOST

- Vyzvěte účastníky, aby si prozkoumali příběh svých jmen.
- Vytvořte prostor pro duchovní přejmenování, pokud k tomu dojde – dovolte lidem přijímat jména jako „David", „Ester" nebo identity vedené duchem.

- Veďte skupinu v symbolickém *opětovném křtu* zasvěcení – ne ponoření do vody, ale pomazání a slovní smlouvě s Kristem.
- Ať rodiče v modlitbě poruší smlouvy nad svými dětmi: „Patříte Ježíši – žádný duch, řeka ani rodové pouto nemá žádný právní základ."

Klíčový poznatek

Na tvém začátku záleží. Ale nemusí nutně definovat tvůj konec. Každý nárok řeky může být zlomen řekou Ježíšovy krve.

Reflexní deník

- Jaká jména nebo iniciály mi byly dány a co znamenají?
- Byly při mém narození provedeny tajné nebo kulturní rituály, kterých se musím zříci?
- Opravdu jsem zasvětil svůj život – své tělo, duši, jméno a identitu – Pánu Ježíši Kristu?

Modlitba za vykoupení

Bože Otče, přicházím před Tebe ve jménu Ježíše. Zříkám se každé smlouvy, zasvěcení a rituálu vykonaného při mém narození. Odmítám každé pojmenování, vodní iniciaci a nárok na předky. Ať už skrze iniciály, pojmenování nebo skryté oltáře – ruším každé démonické právo na svůj život. Nyní prohlašuji, že jsem plně Tvůj. Mé jméno je zapsáno v Knize života. Moje minulost je přikryta Ježíšovou krví a moje identita je zpečetěna Duchem svatým. Amen.

DEN 40: OD NAROZENÉHO K NAROZITELI – VAŠE BOLEST JE VAŠÍM POSVĚCENÍM

„**L**id, který zná svého Boha, bude silný a bude konat činy."* — Daniel 11:32
„*Hospodin jim vzbudil soudce, kteří je vysvobodili z rukou lupičů.*" — Soudců 2:16

Nebyli jste vysvobozeni, abyste tiše seděli v kostele.

Nebyli jste osvobozeni jen proto, abyste přežili. Byli jste vysvobozeni, **abyste vysvobodili druhé**.

Tentýž Ježíš, který uzdravil posedlého v Markovi 5, ho poslal zpět do Dekapole, aby vyprávěl ten příběh. Žádný seminář. Žádné vysvěcení. Jen **hořící svědectví** a ústa zapálená plamenem.

Ty jsi ten muž. Ta žena. Ta rodina. Ten národ.

Bolest, kterou jsi snášel, je nyní tvou zbraní.

Trápení, kterému jsi unikl, je tvou trubkou. Co tě drželo v temnotě, se nyní stává **jevištěm tvé nadvlády**.

Skutečný příběh – Od námořní nevěsty po duchovního vysvobození

Rebecca z Kamerunu byla bývalou nevěstou mořského ducha. Byla zasvěcena v 8 letech během pobřežního obřadu pojmenování. V 16 letech měla sex ve snech, ovládala muže očima a čarodějnictvím způsobila několik rozvodů. Byla známá jako „krásná kletba".

Když se na univerzitě setkala s evangeliem, její démoni se zbláznili. Trvalo šest měsíců půstu, osvobození a hlubokého učednictví, než se osvobodila.

Dnes pořádá konference o osvobození pro ženy po celé Africe. Díky její poslušnosti byly osvobozeny tisíce lidí.

Co kdyby mlčela?

Apoštolský vzestup – Rodí se globální osvoboditelé

- **V Africe** nyní bývalí čarodějové zakládají kostely.
- **V Asii** kážou bývalí buddhisté Krista v tajných domech.
- **V Latinské Americe** nyní bývalí kněží santerie ničí oltáře.
- **V Evropě** vedou bývalí okultisté online výkladová biblická studia.
- **V Severní Americe** vedou ti, kdo přežili klamy New Age, týdenní setkání na Zoomu zaměřená na osvobození.

Jsou to **ti nepravděpodobní**, ti zlomení, bývalí otroci temnoty, kteří nyní pochodují ve světle – a **ty jsi jedním z nich**.

Závěrečný akční plán – Začněte s výzvou

1. **Napište své svědectví** – i když si myslíte, že není dramatické. Někdo potřebuje váš příběh o svobodě.
2. **Začněte v malém** – Modlete se za přítele. Uspořádejte biblické studium. Podělte se o svůj proces osvobození.
3. **Nikdy se nepřestávejte učit** – Vysvoboditelé zůstávají ve Slově, zůstávají kajícní a bystří.
4. **Zakryjte svou rodinu** – Denně prohlašujte, že temnota končí s vámi a vašimi dětmi.
5. **Vyhlaste duchovní válečné zóny** – své pracoviště, svůj domov, svou ulici. Buďte strážci brány.

Skupinové uvedení do provozu

Dnes to není jen pobožnost – je to **slavnostní uvedení do funkce**.

- Pomažte si navzájem hlavy olejem a říkejte:

„Jsi vysvobozen, abys vysvobozoval. Povstaň, Soudce Boží."

- Prohlaste nahlas jako skupina:

„Už nejsme ti, kdo přežili. Jsme bojovníci. Neseme světlo a tma se třese."

- Určete si modlitební dvojice nebo partnery pro zodpovědnost, abyste i nadále rostli v odvaze a dopadu.

Klíčový poznatek
Největší pomstou proti království temnoty není jen svoboda. Je to rozmnožení.

Závěrečný reflexní deník

- Kdy jsem si uvědomil, že jsem přešel z temnoty do světla?
- Kdo potřebuje slyšet můj příběh?
- Kde můžu tento týden začít záměrně svítit?
- Jsem ochoten nechat se zesměšňovat, nechápat a snášet odpor – kvůli osvobození druhých?

Modlitba za pověření
Otče Bože, děkuji Ti za 40 dní ohně, svobody a pravdy. Nezachránil jsi mě jen proto, abys mi poskytl útočiště – vysvobodil jsi mě, abys vysvobodil ostatní. **Dnes přijímám tento plášť. Mé svědectví je meč. Mé jizvy jsou zbraně. Mé modlitby jsou kladiva. Moje poslušnost je uctívání. Nyní chodím ve jménu Ježíše – jako podpalovač , vysvoboditel, nositel světla. Jsem Tvůj. Temnota nemá ve mně místo ani kolem mě. Zaujímám své místo. Ve jménu Ježíše. Amen.**

360° DENNÍ PROHLÁŠENÍ O VYSVOBOZENÍ A VLÁDÁNÍ – 1. část

„Žádná zbraň ušitá proti tobě nebude mít úspěch a každý jazyk, který proti tobě povstane v soudu, odsoudíš. To je dědictví služebníků Hospodinových..." — Izajáš 54:17

Dnes a každý den zaujímam své plné postavení v Kristu – duchem, duší i tělem.

Zavírám všechny dveře – známé i neznámé – do království temnoty.

Ruším veškerý kontakt, smlouvu, úmluvu nebo spojení se zlými oltáři, duchy předků, duchovními manželi/manželkami, okultními společnostmi, čarodějnictvím a démonickými aliancemi – skrze Ježíšovu krev!

Prohlašuji, že nejsem na prodej. Nejsem dostupný. Nejsem vhodný k náboru. Nejsem znovu přijatý/á.

Každé satanské přivolání, duchovní sledování nebo zlé vyvolání – ať je rozptýleno ohněm ve jménu Ježíše!

Zavazuji se k mysli Kristově, vůli Otce a hlasu Ducha svatého.

Kráčím ve světle, v pravdě, v moci, v čistotě a v záměru.

Zavřel jsem každé třetí oko, psychickou bránu a nesvatý portál otevřený skrze sny, trauma, sex, rituály, média nebo falešná učení.

Kéž oheň Boží pohltí každý nelegální vklad v mé duši, ve jménu Ježíše.

Mluvím ke vzduchu, zemi, moři, hvězdám a nebi – nebudete proti mně působit.

Každý skrytý oltář, agent, pozorovatel nebo šeptající démon namířený proti mému životu, rodině, povolání nebo území – buď odzbrojen a umlčen Ježíšovou krví!

Ponořuji svou mysl do Božího slova.

Prohlašuji, že mé sny jsou posvěceny. Mé myšlenky jsou chráněny. Můj spánek je svatý. Mé tělo je chrámem ohně.

Od této chvíle kráčím v 360stupňovém vysvobození – nic skrytého, nic zapomenutého. Každé přetrvávající pouto se zlomí. Každé generační jho se roztříští. Každý nelitovaný hřích je odhalen a očištěn.

Prohlašuji:

- **Temnota nade mnou nemá žádnou vládu.**
- **Můj dům je požární zóna.**
- **Mé brány jsou slávou uzavřeny.**
- **Žiji v poslušnosti a chodím v moci.**

Povstávám jako osvoboditel své generace.
Neohlédnu se zpět. Nevrátím se. Jsem světlo. Jsem oheň. Jsem svobodný. V mocném jménu Ježíšově. Amen!

360° DENNÍ PROHLÁŠENÍ O VYSVOBOZENÍ A VLÁDÁNÍ – 2. část

Ochrana před čarodějnictvím, čarodějnictvím, nekromanty, médii a démonickými kanály

Vysvobození pro sebe a ostatní pod jejich vlivem nebo otroctvím

Očištění a přikrytí skrze Ježíšovu krev

Obnovení zdraví, identity a svobody v Kristu

Ochrana a osvobození od čarodějnictví, médií, nekromantů a duchovního otroctví

(skrze Ježíšovu krev a slovo našeho svědectví)

„A oni ho zvítězili krví Beránka a slovem svého svědectví..."
— *Zjevení 12:11*

„Hospodin... maří znamení falešných proroků a věštce znevažuje... potvrzuje slovo svého služebníka a naplňuje radu svých poslů."
— *Izajáš 44:25–26*

„Duch Hospodinův je na mně... abych zajatcům vyhlásil propuštění a spoutaným propuštění..."
— *Lukáš 4:18*

ÚVODNÍ MODLITBA:

Bože Otče, dnes přicházím směle skrze Ježíšovu krev. Uznávám moc ve Tvém jménu a prohlašuji, že Ty jediný jsi mým vysvoboditelem a ochráncem. Stojím jako Tvůj služebník a svědek a dnes hlásám Tvé Slovo s odvahou a autoritou.

PROHLÁŠENÍ O OCHRANĚ A OSVOBOZENÍ

1. Vysvobození od čarodějnictví, médií, nekromantů a duchovního vlivu:

- Zruším **a zřeknu se** veškeré kletby, kouzel, věštění, očarování, manipulace, monitorování, astrální projekce nebo pouta duše – vyřčeného či sehraného – prostřednictvím čarodějnictví, nekromancie, médií nebo duchovních kanálů.
- Prohlašuji , že **Ježíšova krev** je proti každému nečistému duchu, který se snaží spoutat, rozptýlit, oklamat nebo manipulovat mnou nebo mou rodinou.
- Přikazuji, **aby veškeré duchovní vměšování, posedlost, útlak nebo otroctví duše** bylo nyní zlomeno autoritou ve jménu Ježíše Krista.
- Mluvím o **vysvobození pro sebe i pro každého člověka, vědomě či nevědomě pod vlivem čarodějnictví nebo falešného světla** . Vyjděte nyní! Buďte svobodní, ve jménu Ježíše!
- Volám k Božímu ohni, aby **spálil každé duchovní jho, satanskou smlouvu a oltář** vztyčený v duchu, aby zotročil nebo polapil naše osudy.

„Proti Jákobovi není kouzlo, proti Izraeli žádné věštění." — *Numeri 23:23*

2. Očištění a ochrana sebe sama, dětí a rodiny:

- Prosím Ježíšovu krev nad svou **myslí, duší, duchem, tělem, emocemi, rodinou, dětmi a prací.**
- Prohlašuji: Já i můj dům jsme **zapečetěni Duchem svatým a skryti s Kristem v Bohu.**
- Žádná zbraň vytvořená proti nám nebude mít úspěch. Každý jazyk, který proti nám mluví zlo, bude **souzen a umlčen** ve jménu Ježíše.
- Zříkám se a vypustím každého **ducha strachu, trápení, zmatku, svádění nebo kontroly** .

„Já jsem Hospodin, který maří znamení lhářů..." — *Izajáš 44:25*

3. Obnovení identity, poslání a zdravého rozumu:

- Získávám zpět každou část své duše a identity, která byla **vyměněna, uvězněna nebo ukradena** podvodem či duchovním kompromisem.

- Prohlašuji: Mám **Kristovu mysl** a chodím v jasnosti, moudrosti a autoritě.
- Prohlašuji: Jsem **osvobozen od každé generační kletby a domácího čarodějnictví** a kráčím ve smlouvě s Hospodinem.

„Bůh mi nedal ducha bázlivosti, ale síly, lásky a rozvahy." — *2. Timoteovi 1:7*

4. Denní přikrývání a vítězství v Kristu:

- Prohlašuji: Dnes kráčím v božské **ochraně, rozlišování a pokoji**.
- Ježíšova krev pro mě mluví o **lepších věcech** – o ochraně, uzdravení, autoritě a svobodě.
- Každý zlý úkol, který byl pro tento den stanoven, je zrušen. Kráčím ve vítězství a triumfu v Kristu Ježíši.

„Tisíc jich padne po mém boku a deset tisíc po mé pravici, ale ke mně se nepřiblíží..." — *Žalm 91:7*

ZÁVĚREČNÉ PROHLÁŠENÍ A SVĚDECTVÍ:

„Přemáhám každou formu temnoty, čarodějnictví, nekromancie, čarodějnictví, psychické manipulace, manipulace s duší a zlého duchovního přenosu – ne svou silou, ale **Ježíšovou krví a Slovem mého svědectví**."

„Prohlašuji: **Jsem vysvobozen. Má domácnost je vysvobozena.** Každé skryté jho je zlomeno. Každá past je odhalena. Každé falešné světlo je zhasnuto. Kráčím ve svobodě. Kráčím v pravdě. Kráčím v moci Ducha svatého."

„Hospodin potvrzuje slovo svého služebníka a vykonává radu svého posla. Tak bude dnes i každý další den."

V mocném jménu Ježíšově, **Amen.**

ODKAZY NA PÍSMO:

- Izajáš 44:24–26
- Zjevení 12:11
- Izajáš 54:17
- Žalm 91
- Numeri 23:23
- Lukáš 4:18

- Efezským 6:10–18
- Koloským 3:3
- 2. Timoteovi 1:7

360° DENNÍ PROHLÁŠENÍ O VYSVOBOZENÍ A VLÁDÁNÍ - 3. část

„**H**ospodin je muž boje, Hospodin je jeho jméno." — Exodus 15:3
„Zvítězili nad ním krví Beránka a slovem svého svědectví..." — Zjevení 12:11

Dnes povstávám a zaujímám své místo v Kristu – posazený v nebeských místech, vysoko nad všechna knížatstva, mocnosti, trůny, panství a každé jméno, které je vzpomínáno.

ZŘÍKÁM SE

Zříkám se každé známé i neznámé smlouvy, přísahy či zasvěcení:

- Zednářství (1. až 33. stupeň)
- Kabbala a židovská mystika
- Východní hvězda a rosikruciáni
- Jezuitské řády a iluminátí
- Satanská bratrstva a luciferiánské sekty
- Mořští duchové a podmořské smlouvy
- Hadi kundalini, zarovnání čaker a aktivace třetího oka
- Klam New Age, Reiki, křesťanská jóga a astrální cestování
- Čarodějnictví, čarodějnictví, nekromancie a astrální smlouvy
- Okultní pouta duší ze sexu, rituálů a tajných paktů
- Zednářské přísahy nad mou pokrevní linií a rodovým kněžstvím

Přestřihuji každou duchovní pupeční šňůru, abych:

- Starověké krvavé oltáře
- Falešný prorocký oheň
- Duchovní manželé a vetřelci snů
- Posvátná geometrie, světelné kódy a doktríny univerzálního zákona

- Falešní kristové, strašidla a falešní svatí duchové

Nechť za mě promluví Ježíšova krev. Nechť je každá smlouva roztržena. Nechť je každý oltář zničen. Nechť je každá démonická identita vymazána – hned!

PROHLAŠUJI
Prohlašuji:

- Mé tělo je živoucí chrám Ducha svatého.
- Moje mysl je chráněna přilbou spásy.
- Má duše je denně posvěcována obmýváním Slova.
- Moje krev je očištěna Kalvárií.
- Mé sny jsou zapečetěny ve světle.
- Mé jméno je zapsáno v Beránkově knize života – ne v žádném okultním seznamu, lóži, deníku, svitku ani pečeti!

PŘIKAZUJI
Přikazuji:

- Každý agent temnoty – pozorovatelé, monitory, astrální projektory – bude oslepen a rozptýlen.
- Každé pouto k podsvětí, mořskému světu a astrální rovině – buď přetrženo!
- Každé temné znamení, implantát, rituální rána nebo duchovní cejch – buďte očištěni ohněm!
- Každý známý duch šeptající lži – buď hned umlčen!

ODSTRAŇUJI SE
Odpouštím se od:

- Všechny démonické časové linie, vězení duší a klece duchů
- Všechny žebříčky a tituly tajných společností
- Všechny falešné pláště, trůny nebo koruny, které jsem nosil
- Každá identita, která není stvořena Bohem
- Každé spojenectví, přátelství nebo vztah posilovaný temnými systémy

ZŘÍZÍM
Zjišťuji:

- Ochranný štít slávy kolem mě a mé domácnosti
- Svatí andělé u každé brány, portálu, okna a cesty
- Čistota v mých médiích, hudbě, vzpomínkách a mysli
- Pravda v mých přátelstvích, službě, manželství a misi
- Nepřerušitelné společenství s Duchem svatým

PŘEDKLÁDÁM
Zcela se odevzdávám Ježíši Kristu –
Beránkovi, který byl zabit, Králi, který vládne, lvu, který řve.
Volím světlo. Volím pravdu. Volím poslušnost.
Nepatřím do temných království tohoto světa.
Patřím do království našeho Boha a jeho Krista.

VARUJI NEPŘÍTELE
Tímto prohlášením oznamuji:

- Každé vysoce postavené knížectví
- Každý duch vládnoucí nad městy, pokrevními liniemi a národy
- Každý astrální cestovatel, čarodějnice, čaroděj nebo padlá hvězda…

Jsem nedotknutelný majetek.

Mé jméno se nenachází ve vašich archivech. Moje duše není na prodej. Mé sny jsou pod vaším velením. Mé tělo není váš chrám. Moje budoucnost není vaše hřiště. Nevrátím se do otroctví. Nebudu opakovat cykly předků. Nebudu nosit cizí oheň. Nebudu místem odpočinku pro hady.

PEČEŤ I
Toto prohlášení zapečeťuji:

- Ježíšova krev
- Oheň Ducha svatého
- Autorita Slova

- Jednota Kristova těla
- Zvuk mého svědectví

Ve jménu Ježíše, Amen a Amen

ZÁVĚR: OD PŘEŽITÍ K SYNOVSTVÍ – ZŮSTAT SVOBODNÝ, ŽÍT SVOBODNĚ, OSVOBOZOVAT DRUHÉ

„*Stůjte tedy pevně ve svobodě, kterou nás Kristus osvobodil, a nedejte se znovu zaplést do jha otroctví.*" — Galatským 5:1
„*Vyvedl je ze tmy a stínu smrti a rozlámal jejich okovy.*" — Žalm 107:14

Těchto 40 dní nikdy nebylo jen o poznání. Bylo to o **válčení**, **probuzení** a **chůzi v nadvládě**.

Viděli jste, jak temné království funguje – nenápadně, generačně, někdy i otevřeně. Prošli jste branami předků, říšemi snů, okultními smlouvami, globálními rituály a duchovním trápením. Setkali jste se se svědectvími o nepředstavitelné bolesti – ale také o **radikálním vysvobození**. Zničili jste oltáře, zřekli se lží a konfrontovali jste věci, které se mnoho kazatelen bojí pojmenovat.

ALE TOHLE NENÍ KONEC.

Nyní začíná skutečná cesta: **Zachovat si svobodu. Žít v Duchu. Učit ostatní, jak se dostat ven.**

Je snadné prožít 40 dní v ohni a vrátit se do Egypta. Je snadné strhnout oltáře, jen abyste je znovu postavili v osamělosti, chtíči nebo duchovní únavě.

Nedělej to.

Už nejsi **otrokem cyklů**. Jsi **strážcem** na zdi. **Strážcem brány** pro svou rodinu. **Bojovníkem** pro své město. **Hlasem** národů.

7 POSLEDNÍCH PŘÍKAZŮ PRO TY, KDO BUDOU CHODIT V NADVÁHĚ

1. **Strážte své brány**
   . Neotevírejte znovu duchovní dveře kompromisy, vzpourou, vztahy nebo zvědavostí.

„*Nedávejte místo ďáblu.*" — Efezským 4:27

2. **Ukázněte svou chuť**
   k jídlu Půst by měl být součástí vašeho měsíčního rytmu. Uvádí duši do harmonie a udržuje tělo v podřízenosti.
3. **Zavažte se k čistotě**
   emocionální, sexuální, verbální, vizuální. Nečistota je branou číslo jedna, kterou démoni používají, aby se do ní vplazili zpět.
4. **Mistrně zvládejte Slovo**
   Písmo není volitelné. Je to váš meč, štít a denní chléb. „*Slovo Kristovo ať ve vás hojně přebývá...*" (Koloským 3:16)
5. **Najděte si svůj kmen.**
   Vysvobození nikdy nemělo být kráčeno o samotě. Budujte, služte a uzdravujte v Duchem naplněné komunitě.
6. **Přijměte utrpení**
   Ano – utrpení. Ne všechna trápení jsou démonická. Některá jsou posvěcující. Projděte jimi. Sláva je před vámi.
   „*Po krátkém utrpení... On vás posílí, upevní a neochvějně upevní.*" — 1. Petrův 5:10
7. **Učte ostatní.**
   Zdarma jste dostali – nyní zdarma dávejte. Pomozte ostatním získat svobodu. Začněte u svého domova, svého kruhu, své církve.

OD VYROZENÉHO K UČEDNÍKOVI

Tato zamyšlenost je globálním voláním – nejen po uzdravení, ale po povstání armády.

Je **čas pro pastýře**, kteří cítí válku.

Je **čas pro proroky**, kteří se neleknou ani před hady.

Je **čas pro matky a otce**, kteří porušují generační smlouvy a staví oltáře pravdy.

Je **čas, aby národy** byly varovány a aby církev již nemlčela.

TY JSI ROZDÍL

Záleží, kam odtud půjdeš. Záleží na tom, co si s sebou neseš. Temnota, ze které jsi byl vytažen, je právě to území, nad kterým máš nyní moc.

Vysvobození bylo tvým právem z vrození. Nadvláda je tvůj plášť.

Teď do toho jdi.

ZÁVĚREČNÁ MODLITBA

Pane Ježíši, děkuji Ti, že jsi se mnou kráčel těchto 40 dní. Děkuji Ti, že jsi odhalil temnotu, zlomil okovy a povolal mě na vyšší místo. Odmítám se vrátit. Porušuji každou dohodu strachem, pochybnostmi a selháním. Své království přijímám s odvahou. Použij mě k osvobození druhých. Naplňuj mě denně Duchem svatým. Nechť se můj život stane zbraní světla – v mé rodině, v mém národě, v Těle Kristově. Nebudu mlčet. Nebudu poražen. Nevzdám se. Kráčím z temnoty do nadvlády. Navždy. Ve jménu Ježíše. Amen.

Jak se znovu narodit a začít nový život s Kristem

Možná jsi s Ježíšem už dříve chodil, nebo jsi se s ním setkal teprve během těchto 40 dnů. Ale právě teď se ve tobě něco probouzí.

Jsi připraven/a na víc než jen náboženství.

Jsi připraven/a na **vztah**.

Jsi připraven/a říct: „Ježíši, potřebuji Tě."

Tady je pravda:

„Vždyť všichni zhřešili, všichni nedosahujeme Boží slávy… a přece nás Bůh ve své milosti ospravedlní před svýma očima."

— Římanům 3:23–24 (NLT)

Spasení si nemůžeš zasloužit.

Nemůžeš se napravit sám. Ale Ježíš už zaplatil plnou cenu – a čeká, aby tě mohl přivítat doma.

Jak se znovu narodit

ZNOVUZROZENÍ ZNAMENÁ odevzdat svůj život Ježíši – přijmout Jeho odpuštění, věřit, že zemřel a vstal z mrtvých, a přijmout Ho jako svého Pána a Spasitele.

Je to jednoduché. Je to mocné. Změní to všechno.

Modlete se nahlas:

„PANE JEŽÍŠI, VĚŘÍM, že jsi Syn Boží.

Věřím, že jsi zemřel za mé hříchy a vstal z mrtvých.

Vyznávám, že jsem hřešil/a a potřebuji Tvé odpuštění.

Dnes činím pokání a odvracím se od svých starých cest.

Zvu Tě do svého života, abys byl/a mým Pánem a Spasitelem.

Očistě mě. Naplň mě svým Duchem.

Prohlašuji, že jsem znovuzrozen/a, odpuštěno mi a jsem svobodný/á.
Od tohoto dne tě budu následovat –
a budu žít ve Tvých šlépějích.
Děkuji ti, že jsi mě zachránil/a. Ve jménu Ježíše, amen."

Další kroky po spáse

1. **Řekněte to někomu** – Sdělte své rozhodnutí někomu, komu důvěřujete.
2. **Najděte si církev založenou na Bibli** – Připojte se ke komunitě, která učí Boží slovo a žije podle něj. Navštivte online služby God's Eagle Ministries na https://www.otakada.org [1] nebo https://chat.whatsapp.com/H67spSun32DDTma8TLh0ov
3. **Nechte se pokřtít** – Udělejte další krok k veřejnému vyznání své víry.
4. **Čtěte Bibli denně** – začněte Janovým evangeliem.
5. **Modlete se každý den** – Mluvte s Bohem jako s přítelem a Otcem.
6. **Zůstaňte ve spojení** – Obklopte se lidmi, kteří povzbuzují vaši novou chůzi.
7. **Začněte proces učednictví v komunitě** – rozvíjejte individuální vztah s Ježíšem Kristem prostřednictvím těchto odkazů

40denní učednictví 1 - https://www.otakada.org/get-free-40-days-online-discipleship-course-in-a-journey-with-jesus/

40 Učednictví 2 - https://www.otakada.org/get-free-40-days-dna-of-discipleship-journey-with-jesus-series-2/

---

1. https://www.otakada.org

Můj okamžik spásy

D atum : _____
  Podpis : _____

„*Je-li kdo v Kristu, je nové stvoření; staré pominulo, a zde nastalo nové!*"
— 2. Korintským 5:17

Osvědčení o novém životě v Kristu

Prohlášení o spáse – Znovuzrození z milosti

Toto potvrzuje, že

_____

(CELÉ JMÉNO)
    veřejně vyznal **víru v Ježíše Krista**
jako Pána a Spasitele a skrze Jeho smrt a vzkříšení přijal dar spásy.
    „Vyznáváš-li Ježíše jako Pána a ve svém srdci věříš, že ho Bůh vzkřísil z mrtvých, budeš spasen."
    — Římanům 10:9 (NLT)
    V tento den se nebe raduje a začíná nová cesta.

Datum rozhodnutí : _____

Podpis : _____

Prohlášení o spáse

„DNES ODEVZDÁVÁM SVŮJ život Ježíši Kristu.
    Věřím, že zemřel za mé hříchy a vstal z mrtvých. Přijímám Ho jako svého Pána a Spasitele. Je mi odpuštěno, znovuzrozen jsem a obnoven. Od této chvíle budu kráčet v Jeho šlépějích."

Vítejte v Boží rodině!

TVÉ JMÉNO JE ZAPSÁNO v Beránkově knize života.
    Tvůj příběh teprve začíná – a je věčný.

SPOJTE SE S BOŽÍMI SLUŽBAMI EAGLE

- Webové stránky: www.otakada.org[1]
- Série Bohatství za hranicemi starostí: www.wealthbeyondworryseries.com[2]
- E-mail: ambassador@otakada.org

- **Podpořte tuto práci:**

Podporujte projekty království, misie a bezplatné globální zdroje prostřednictvím darů vedených smlouvami.
Naskenujte QR kód a darujte
https://tithe.ly/give?c=308311
Vaše štědrost nám pomáhá oslovit více duší, překládat zdroje, podporovat misionáře a budovat učednické systémy po celém světě. Děkujeme!

---

1. https://www.otakada.org
2. https://www.wealthbeyondworryseries.com

3. PŘIPOJTE SE K NAŠÍ komunitě WhatsApp Covenant

Získejte aktualizace, obsah k zasvěcení a spojte se s věřícími po celém světě, kteří smýšlejí podle smlouvy.

Naskenujte pro připojení
https://chat.whatsapp.com/H67spSun32DDTma8TLh0ov

DOPORUČENÉ KNIHY A ZDROJE

- *Vysvobozeno z moci temnoty* (brožovaná vazba) — Koupit zde [1] | E-kniha [2] na Amazonu [3]

- Nejlepší recenze ze Spojených států:
    - **Zákazník Kindle** : „Nejlepší křesťanská kniha vůbec!" (5 hvězdiček)

---

1. https://shop.ingramspark.com/b/084?params=oeYbAkVTC5ao8PfdVdzwko7wi6IQimgJY2779NaqG4e
2. https://www.amazon.com/Delivered-Power-Darkness-AFRICAN-DELIVERED-ebook/dp/B0CC5MM4MV
3. https://www.amazon.com/Delivered-Power-Darkness-AFRICAN-DELIVERED-ebook/dp/B0CC5MM4MV

CHVÁLA JEŽÍŠI ZA TOTO svědectví. Byl jsem tak požehnán a doporučil bych každému, aby si tuto knihu přečetl… Neboť odplatou za hřích je smrt, ale darem Božím je věčný život. Šalom! Šalom!

- **Da Gster** : „Tohle je velmi zajímavá a poněkud zvláštní kniha." (5 hvězdiček)

Pokud je to, co se v knize říká, pravda, pak jsme v tom, čeho je nepřítel schopen, opravdu pozadu! … Povinnost pro každého, kdo se chce dozvědět o duchovním boji.

- **Visa** : „Miluji tuto knihu" (5 hvězdiček)

Tohle mi otevřelo oči… opravdové přiznání… V poslední době jsem to všude hledal, abych si to mohl koupit. Jsem tak rád, že jsem to dostal z Amazonu.

- **FrankJM** : „Zcela jiné" (4 hvězdičky)

Tato kniha mi připomíná, jak skutečný duchovní boj je. Také mi připomíná důvod, proč si obléct „plnou Boží zbroj".

- **JenJen** : „Každý, kdo chce jít do nebe – přečtěte si tohle!" (5 hvězdiček)

Tato kniha mi tolik změnila život. Spolu se svědectvím Johna Ramireze vás donutí podívat se na svou víru jinak. Četl jsem ji šestkrát!

- *Ex-Satanista: The James Exchange* (brožovaná vazba) — Koupit zde [4] | E-kniha [5] na Amazonu [6]

---

4. https://shop.ingramspark.com/b/ 084?params=I2HNGtbqJRbal8OxU3RMTApQsLLxcUCTC8zUdzDy0W1

5. https://www.amazon.com/JAMESES-Exchange-Testimony-High-Ranking-Encounters-ebook/dp/B0DJP14JLH

6. https://www.amazon.com/JAMESES-Exchange-Testimony-High-Ranking-Encounters-ebook/dp/B0DJP14JLH

- ***SVĚDECTVÍ BÝVALÉHO AFRICKÉHO SATANISTY*** - *Pastor JONAS LUKUNTU MPALA* (Brožovaná vazba) — Koupit zde [7]| E-kniha [8]na Amazonu[9]

- *Greater Exploits 14* (brožovaná vazba) — Koupit zde [10]| E-kniha [11]na Amazonu[12]

---

7. https://shop.ingramspark.com/b/084?params=0Aj9Sze4cYoLM5OqWrD20kgknXQQqO5AZYXcWtoMqWN

8. https://www.amazon.com/TESTIMONY-African-EX-SATANIST-Pastor-Jonas-ebook/dp/B0DJDLFKNR

9. https://www.amazon.com/TESTIMONY-African-EX-SATANIST-Pastor-Jonas-ebook/dp/B0DJDLFKNR

10. https://shop.ingramspark.com/b/084?params=772LXinQn9nCWcgq572PDsqPjkTJmpgSqrp88b0qzKb

11. https://www.amazon.com/Greater-Exploits-MYSTERIOUS-Strategies-Countermeasures-ebook/dp/B0CGHYPZ8V

12. https://www.amazon.com/Greater-Exploits-MYSTERIOUS-Strategies-Countermeasures-ebook/dp/B0CGHYPZ8V

- *Z ďáblova kotle* od Johna Ramireze – k dostání na Amazonu[13]
- *Přišel osvobodit zajatce* od Rebeccy Brownové – Kniha na Amazonu[14]

Další knihy vydané autorem – Více než 500 titulů
Milovaní, vyvolení a celistí : 30denní cesta od odmítnutí k **obnově,**
přeloženo do 40 jazyků světa
https://www.amazon.com/Loved-Chosen-Whole-Rejection-Restoration-ebook/dp/B0F9VSD8WL
https://shop.ingramspark.com/b/
084?params=xga0WR16muFUwCoeMUBHQ6HwYjddLGpugQHb3DVa5hE

---

13. https://www.amazon.com/Out-Devils-Cauldron-John-Ramirez/dp/0985604306

14. https://www.amazon.com/He-Came-Set-Captives-Free/dp/0883683239

V jeho šlépějích – 40denní výzva WWJD:
Život jako Ježíš v příbězích ze skutečného života z celého světa
https://www.amazon.com/His-Steps-Challenge-Real-Life-Stories-ebook/dp/B0FCYTL5MG
https://shop.ingramspark.com/b/084?params=DuNTWS59IbkvSKtGFbCbEFdv3Zg0FaiTUEvlK49yLzB[15]

JEŽÍŠ U DVEŘÍ:
40 srdcervoucích příběhů a poslední varování nebes pro dnešní církve
https://www.amazon.com/dp/B0FDX31L9F
https://shop.ingramspark.com/b/084?params=TpdA5j8WPvw83glJ12N1B3nf8LQte2a1lIEy32bHcGg

ŽIVOT VE SMLOUVĚ: 40 dní chůze v požehnání Deuteronomia 28

- https://www.amazon.com/dp/B0FFJCLDB5

Příběhy skutečných lidí, skutečné poslušnosti a skutečného
https://shop.ingramspark.com/b/
084?params=bH3pzfz1zdCOLpbs7tZYJNYgGcYfU32VMz3J3a4e2Qt

Transformace ve více než 20 jazycích

ZNÁT JI A ZNÁT JEHO:
40 dní k uzdravení, porozumění a trvalé lásce

HTTPS://WWW.AMAZON.com/KNOWING-HER-HIM-Healing-Understanding-ebook/dp/B0FGC4V3D9[16]
https://shop.ingramspark.com/b/084?params=vC6KCLoI7Nnum24BVmBtSme9i6k59p3oynaZOY4B9Rd

DOPLŇTE, NE SOUTĚŽTE:
40denní cesta k cíli, jednotě a spolupráci

---

16. https://www.amazon.com/KNOWING-HER-HIM-Healing-Understanding-ebook/dp/B0FGC4V3D9

HTTPS://SHOP.INGRAMSPARK.com/b/
084?params=5E4v1tHgeTqOOuEtfTYUzZDzLyXLee30cqYo0Ov9941[17]
   https://www.amazon.com/COMPLETE-NOT-COMPETE-Journey-Collaboration-ebook/dp/B0FGGL1XSQ/

BOŽSKÝ KÓD ZDRAVÍ - 40 denních klíčů k aktivaci uzdravení skrze Boží slovo a stvoření Odemkněte léčivou sílu rostlin, modlitby a prorockého jednání

https://shop.ingramspark.com/b/
084?params=xkZMrYcEHnrJDhe1wuHHYixZDViiArCeJ6PbNMTbTux
https://www.amazon.com/dp/B0FHJT42TK

DALŠÍ KNIHY NALEZNETE na stránce autora
https://www.amazon.com/stores/Ambassador-Monday-O.-Ogbe/author/
B07MSBPFNX

PŘÍLOHA (1–6): ZDROJE PRO UDRŽENÍ SVOBODY A HLUBŠÍHO OSVOBOZENÍ

DODATEK 1: Modlitba k odhalení skrytého čarodějnictví, okultních praktik nebo podivných oltářů v kostele

„*Synu člověčí, vidíš, co činí ve tmě...?*" — Ezechiel 8:12
„*A nemějte účast na neplodných skutcích tmy, ale raději je odhalujte.*" — Efezským 5:11

Modlitba za rozlišování a odhalení:

Pane Ježíši, otevři mi oči, abych viděl, co vidíš Ty. Ať je odhalen každý podivný oheň, každý tajný oltář, každá okultní operace skrytá za kazatelnami, lavicemi nebo praktikami. Odstraňte závoje. Odhalte modlářství maskované jako uctívání, manipulaci maskovanou jako proroctví a zvrácenost maskovanou jako milost. Očistěte mé místní shromáždění. Pokud jsem součástí kompromitovaného společenství, veďte mě do bezpečí. Pozdvihněte čisté oltáře. Očistěte ruce. Svatá srdce. Ve jménu Ježíše. Amen.

PŘÍLOHA 2: Protokol o zřeknutí se médií a očistě

„*Nepostavím si před oči nic zlého...*" — Žalm 101:3

Kroky k očištění vašeho mediálního života:

1. **Proveďte audit** všeho: filmů, hudby, her, knih, platforem.
2. **Zeptejte se:** Oslavuje to Boha? Otevírá to dveře temnotě (např. hororu, chtíči, čarodějnictví, násilí nebo tématům New Age)?
3. **Zřeknout se** :

„Zříkám se každého démonického portálu otevřeného skrze bezbožná média. Odpojuji svou duši od všech duchovních vazeb s celebritami, tvůrci, postavami a dějovými liniemi, které jsou zmocněny nepřítelem."

1. **Smazat a zničit** : Fyzicky a digitálně odstranit obsah.
2. **Nahraďte** je zbožnými alternativami – uctíváním, učením, svědectvími, prospěšnými filmy.

PŘÍLOHA 3: Zednářství, kabala, kundaliní, čarodějnictví, okultní písmo odříkání

„*Nemějte nic společného s marnými skutky tmy...*" — Efezským 5:11
Řekněte nahlas:
Ve jménu Ježíše Krista se zříkám veškeré přísahy, rituálu, symbolu a zasvěcení do jakékoli tajné společnosti nebo okultního řádu – vědomě či nevědomě. Odmítám veškeré vazby na:

- **Zednářství** – Všechny stupně, symboly, krevní přísahy, kletby a modlářství.
- **Kabala** – židovská mystika, čtení Zoharu, vzývání stromu života nebo andělská magie.
- **Kundalini** – otevření třetího oka, probuzení jógou, hadí oheň a zarovnání čaker.
- **Čarodějnictví a New Age** – astrologie, tarot, krystaly, měsíční rituály, cestování duší, reiki, bílá nebo černá magie.
- **Rosekruciáni, iluminátí, Lebka a kosti, jezuitské přísahy, druidské řády, satanismus, spiritismus, santeria, voodoo, wicca, theléma, gnosticismus, egyptská mystéria, babylonské rituály.**

Ruším každou smlouvu uzavřenou v mém zastoupení. Přerušuji všechna pouta v mé pokrevní linii, ve svých snech nebo skrze pouta duše. Odevzdávám celou svou bytost Pánu Ježíši Kristu – ducha, duši i tělo. Nechť je každá démonická brána trvale uzavřena krví Beránka. Nechť je mé jméno očištěno od každého temného rejstříku. Amen.

PŘÍLOHA 4: Průvodce aktivací pomazávacího oleje

„*Trpí někdo z vás? Ať se modlí. Je někdo z vás nemocný? Ať zavolají starší... a pomožou ho olejem ve jménu Páně.*" — Jakub 5:13–14

Jak používat pomazací olej pro vysvobození a nadvládu:

- **Čelo** : Obnova mysli.
- **Uši** : Rozlišování Božího hlasu.
- **Břicho** : Očištění sídla emocí a ducha.
- **Nohy** : Kráčení vstříc božskému osudu.
- **Dveře/Okna** : Zavírání duchovních bran a očista domovů.

Prohlášení při pomazání:
„Posvěcuji tento prostor a nádobu olejem Ducha svatého. Žádný démon sem nemá povolený přístup. Ať na tomto místě přebývá sláva Páně."

PŘÍLOHA 5: Zřeknutí se třetího oka a nadpřirozeného zraku z okultních zdrojů

Řekněte nahlas:

„Ve jménu Ježíše Krista se zříkám každého otevření svého třetího oka – ať už skrze trauma, jógu, astrální cestování, psychedelika nebo duchovní manipulaci. Prosím Tě, Pane, abys zavřel všechny nelegální portály a zapečetil je Ježíšovou krví. Uvolňuji každou vizi, vhled nebo nadpřirozenou schopnost, které nepocházejí od Ducha svatého. Nechť je každý démonický pozorovatel, astrální projektor nebo entita, která mě sleduje, oslepena a spoutána ve jménu Ježíše. Volím čistotu před mocí, intimitu před vhledem. Amen."

PŘÍLOHA 6: Video zdroje se svědectvími pro duchovní růst

1) začněte od 1,5 minuty - https://www.youtube.com/watch?v=CbFRdraValc

2) https://youtu.be/b6WBHAcwN0k?si=ZUPHzhDVnn1PPIEG
3) https://youtu.be/XvcqdbEIO1M?si=GBlXg-cO-7f09cR[1]
4) https://youtu.be/jSm4r5oEKjE?si=1Z0CPgA33S0Mfvyt
5) https://youtu.be/B2VYQ2-5CQ8?si=9MPNQuA2f2rNtNMH
6) https://youtu.be/MxY2gJzYO-U?si=tr6EMQ6kcKyjkYRs
7) https://youtu.be/ZW0dJAsfJD8?si=Dz0b44I53W_Fz73A
8) https://youtu.be/q6_xMzsj_WA?si=ZTotYKo6Xax9nCWK
9) https://youtu.be/c2ioRBNriG8?si=JDwXwxhe3jZlej1U
10) https://youtu.be/8PqGMMtbAyo?si=UqK_S_hiyJ7rEGz1
11) https://youtu.be/rJXu4RkqvHQ?si=yaRAA_6KIxjm0eOX
12) https://youtu.be/nS_Insp7i_Y?si=ASKLVs6iYdZToLKH
13) https://youtu.be/-EU83j_eXac?si=-jG4StQOw7S0aNaL
14) https://youtu.be/_r4Jyzs2EDk?si=tldAtKOB_3-J_j_C
15) https://youtu.be/KiiUPLaV7xQ?si=I4x7aVmbgbrtXF_S
16) https://youtu.be/68m037cPEu0?si=XpuyyEzGfK1qWYRt
17) https://youtu.be/z4zlp9_aRQg?si=DR3lDYTt632E96a6
18) https://youtube.com/shorts/H_90n-QZU5Q?si=uLPScVXm81DqU6ds

---

1. https://youtu.be/XvcqdbEIO1M?si=GBlXg-c-O-7f09cR

S tímhle si nemůžete hrát

Vysvobození není zábava. Je to válka.
Zřeknutí se bez pokání je jen hluk. Zvědavost není totéž co volání.
Jsou věci, ze kterých se člověk jen tak nevzpamatuje.
Takže spočítejte cenu. Kráčejte v čistotě. Střežte své brány.
Protože démoni nerespektují hluk – pouze autoritu.

www.ingramcontent.com/pod-product-compliance
Lightning Source LLC
Chambersburg PA
CBHW050340010526
44119CB00049B/629